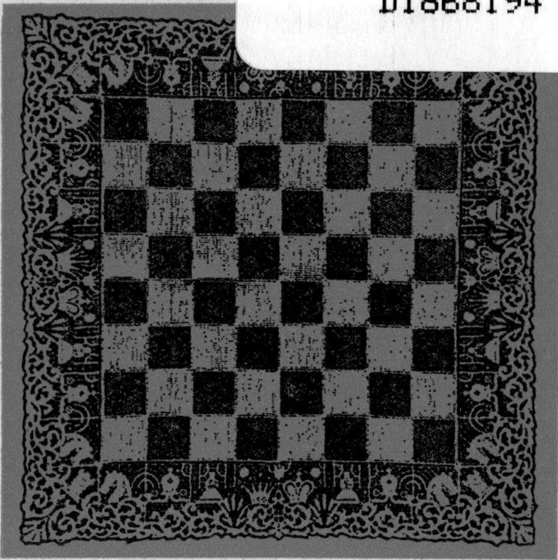

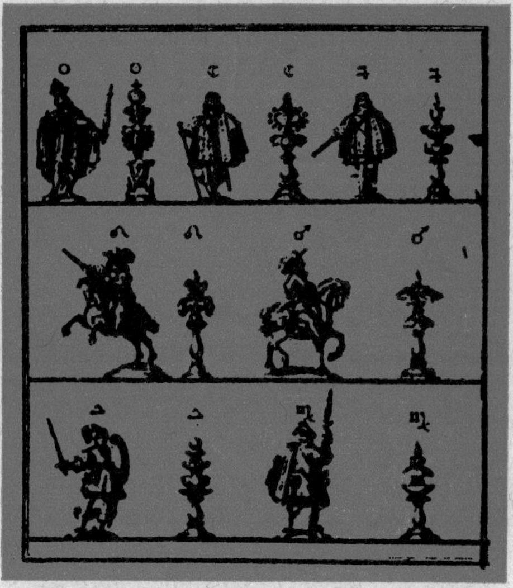

Neff

JOACHIM A. FRANK

Lob des königlichen Spiels

ODER
SCHACH-BREVIER

PAUL NEFF VERLAG
WIEN · BERLIN

Buchidee, Bildauswahl und Gesamtgestaltung
KARL ANDREAS EDLINGER

ISBN 3-7014-0158-6

Einbandschrift von Willi Bahner
Gesetzt aus der Garmond Garamond-Antiqua
Gedruckt und gebunden bei R. Kiesel zu Salzburg
Hergestellt im Auftrag des Paul Neff Verlages, Wien

Vorwort

Jean-Jacques Rousseau gesteht in seinen *Confessions*, er sei von einer wahren Schachleidenschaft besessen gewesen. Er las zahllose Schachbücher, studierte Partien und Endspiele und verkehrte im Café de la Régence, wo er gelegentlich sogar eine Partie gegen Philidor riskierte, aber sosehr er sich auch um das Schachspiel bemühte: er brachte es darin nie zur Meisterschaft und blieb zeitlebens ein „Amateur“ im buchstäblichen Sinne des Wortes, der auch gegen mittelmäßige Spieler einen schweren Stand hatte.

Von Rousseau unterscheidet mich nun allerdings weit mehr als nur der Umstand, daß ich mich niemals mit einem namhaften Schachmeister ans Brett gesetzt habe, aber in einem fühle ich mich bei allem schuldigen Respekt dem Genfer Philosophen seelenverwandt: in der ebenso leidenschaftlichen wie unerwiderten Liebe zum Schach. Und wenn er mir als Philosoph in manchem ein Vorbild war, so war er mir, was das Schachspiel angeht, immer Vorbild und Trost zugleich. Denn wenn man ein glückloser Schachspieler und dennoch ein Rousseau sein kann, darf ich meine Schwächen und Niederlagen erst recht mit Fassung ertragen – und dem Schach die Treue halten.

Der Fachmann, der dieses kleine Buch aufgeschlagen hat, weiß nun, daß er nicht zu versuchen braucht, meinen Namen in einem entlegenen Winkel seines Gedächtnisses aufzustöbern. Er wird ihn dort nicht finden. Ich bin nur ein Zaungast in der Welt des Schachs. Ich habe zeitlebens nur „Hausschach" gespielt, wie man Hausmusik macht, und würde mich gern einen Amateur nennen, wenn dieser Begriff nicht eine eigene Bedeutung hätte, da jeder, der nicht Berufsschachspieler ist, als Amateur gilt und dabei vorzüglich spielen, ja sogar Weltmeister sein kann. Ich muß mich also den Dilettanten zurechnen, und mit Dilettanten habe ich alle meine Wettkämpfe ausgetragen.

Da ich aber wie mein Vorbild fleißig studierte, übertraf mein theoretisches Wissen bald mein praktisches Können, und ich konnte schließlich meinen eigenen Partien nicht mehr die ganze Freude abgewinnen, die das Schach zu bieten vermag, so daß ich zu einem begeisterten Nachspieler der großen Meisterpartien wurde, die ich genieße wie Sinfonien – bewundernd und beglückt, aber außerstande, dergleichen selbst zu komponieren. Ich habe neben meinem Schreibtisch stets ein Schachspiel stehen, und sooft bei meiner Arbeit, bei der Übersetzung eines Romans oder eines historischen Werkes, die Transpiration an die Stelle der Inspiration tritt, greife ich zu einer Partiensammlung und entspanne mich eine Weile in der Welt der Meister.

Meine dilettierenden Partner profitierten von diesen Studien und Übungen – manche mehr als ich selbst. Ich traf oft mit Menschen zusammen, die eben erst begonnen hatten, Schach zu spielen, oder doch, ihres unerprobten Talents noch ungewiß, gern einmal einen Versuch gewagt hätten; mit Menschen, die vorzügliche Lehrbücher besaßen und nicht zu benutzen verstanden, weil ihnen die ersten Hürden zu hoch erschienen, und mit solchen, die gern mehr über das Schachspiel erfahren hätten, ohne den in ihren Augen zu dornigen Weg der Spielpraxis beschreiten zu müssen. Und ich spielte daheim und in manchem Café oder Ferienhotel mit Dilettanten, die ihre eigenen Spielregeln hatten und sich nicht immer dagegen sträubten, die richtigen zu erlernen.

So wurde ich, anfangs zögernd und später bereitwillig eine bescheidene Berufung akzeptierend, zu einem Schachlehrer für Anfänger und Dilettanten aller Arten und Begabungen, zu einem Schachexegeten, Schachorakel und Schiedsrichter in Streitfragen.

Einer der Liebhaber, mit denen ich stundenlang spielte und diskutierte, war Herr Karl Andreas Edlinger, der geistige Vater und Herausgeber dieser Brevier-Reihe. Ich muß ihm mit meinen Vorträgen und Exkursionen reichlich zugesetzt haben, denn eines Tages machte er mir den Vorschlag, ein ganz „unwissenschaftliches" Schachbuch, eben ein Brevier, zu schreiben und zwischen zwei Buchdeckeln zusammenzufassen, was ich bis dahin nur bruchstückweise und mündlich weitergegeben hatte.

Nach dieser Einleitung ist klar, was das Schach-Brevier nicht sein kann. Es kann und will kein Lehrbuch sein. Der großen Anzahl guter und vorzüglicher Lehrbücher weitere hinzuzufügen, ist Sache der Meister. Ich kann wie jeder Autor nur für meinesgleichen schreiben und habe versucht, was auch dem instruierten Dilettanten gestattet ist: durch die Schilderung des Schachs und der Welt der Schachspieler all denen einen gedrängten Überblick zu geben, die das Schach als kulturgeschichtliches Phänomen fesselt, und schließlich den Anfänger, den noch Zaudernden, zum Schachspiel hinzuführen, ihm den Zugang so leicht wie möglich zu machen.

Die „Kurze Geschichte des Schachspiels“ und die Essays bedürfen keiner weiteren Erläuterung. Das „Nützliche und kuriose Alphabet“ versucht die angedeuteten Ziele auf folgende Weise zu erreichen: Es enthält alle wichtigen, das heißt nützlichen Fachausdrücke und unter Stichworten wie „Bauer“, „Dame“, „Rochade“ und so fort alle – mit denen des Weltschachbundes strikt übereinstimmenden und vollständigen – Regeln, die für das elementare Schachspiel nötig sind und den Laien in die Lage versetzen, schon einmal mit dem Spiel zu beginnen. Mehr als diese einfache Spielanleitung kann das Alphabet nicht geben. Da die Schachtheorie, die Eröffnungslehre und alles, was in ein Lehrbuch gehört, nicht behandelt wird, sind speziellere Ausdrücke wie beispielsweise „Pirc-Ufimzew-Verteidigung“ oder „hängendes Zentrum“ als Stichworte ebensowenig enthalten wie die Fachausdrücke des Problemschachs. (Andererseits möge der Fortgeschrittene die Erläuterung einfachster Grundbegriffe mit Rücksicht auf den Anfänger geduldig hinnehmen.)

Das Alphabet führt ferner einige Varianten des Schachspiels und Kuriositäten an, es bringt Ergänzungen, gewissermaßen Fußnoten, zum historischen Teil und wirft mit Stichworten wie „Schacholympiaden“ oder „Qualifikationsturniere“ Streiflichter auf die Welt des Schachs. Und da diese Schachwelt ohne ihre Vertreter nicht vorstellbar ist, sind dem Alphabet die Kurzbiographien einiger Schachmeister beigegeben. Ihre Auswahl stellt ein Problem dar, das nicht vollauf befriedigend und gerecht gelöst, sondern nur umgangen werden kann, indem man sich einfach für die „namhaftesten“ entscheidet. Es wurden daher von Philidor an alle inoffiziellen und von Steinitz an alle offiziellen

Weltmeister und, stellvertretend für die anderen, die amtierende Weltmeisterin aufgenommen.

Um auf dem ohnehin kleinen Raum Wiederholungen nach Möglichkeit zu vermeiden, wurde bei der Behandlung bestimmter Themen jeweils alles bereits an anderer Stelle Erwähnte ausgeklammert. Ein im vorgegebenen Rahmen leidlich abgerundetes Bild ergibt sich daher erst aus der Lektüre des ganzen Breviers, und von einem auch nur annähernd vollständigem Bild kann selbstverständlich keine Rede sein. Der Eingeweihte wird aus eigenem ergänzen, der Neuling anderswo weitersuchen.

♜ ♛ ♞

Darin jedenfalls sehe ich einen der Hauptzwecke des Breviers: Es soll aus dem Laien, dem Neuling, einen *Schachkenner* machen, der die Lust verspürt, sich der Führung der Meister anzuvertrauen, um auch ein *Schachkönner* zu werden. Das Interesse für dieses wunderbarste aller Spiele ist zum Glück auch außerhalb der Schachvereine, beim „Laienpublikum", sehr groß. Und je mehr man über einen geliebten Gegenstand weiß, desto enger und lebendiger wird die persönliche Beziehung zu ihm und desto größer auch der Wunsch, sich intensiver mit ihm zu beschäftigen.

Ich will also zufrieden sein, wenn es mir mit diesem Brevier gelingt, bei den einen Liebe zum Schachspiel zu wecken, bei den andern eine alte Liebe wieder aufzufrischen, allen ein wenig Anregung und Unterhaltung zu bieten und überhaupt möglichst viele Leser dazu zu verleiten, ein Schachbrett auf den Tisch zu legen, die Steine aufzustellen und nach allen Regeln der Kunst mit dem Spiel zu beginnen.

J. A. F.

Kurze Geschichte des Schachspiels

Schach ist ein See, in dem eine Mücke baden und ein Elefant ertrinken kann.
Indisches Sprichwort

Auf einem Brett mit acht mal acht gleichfarbigen Feldern stehen sich zwei Heere gegenüber. Vorn jeweils die Fußsoldaten, Padati, dahinter, etwa in der Mitte der Grundreihe, der Radscha, der König; ihm zur Seite der Mantrin, der Ratgeber. Links und rechts von Radscha und Mantrin je ein Elefant, Hastin; neben jedem Hastin ein Roß, Açva, und auf den Eckfeldern je ein Wagen, Ratha. In einer anderen Spielart steht an Stelle des Wagens ein Boot.

Langsam und in breiter Front wie die Heere des Altertums rücken die beiden Streitmächte aufeinander zu. Die Fußsoldaten machen immer nur einen Schritt geradeaus, und einen schrägen Schritt auf das nächste Feld macht der Mantrin. Bedächtig bewegen sich die Elefanten, zwei Felder weit in der Diagonalen, wobei sie eine Figur überspringen können wie das Roß, dem ein gerader und ein schräger Schritt gestattet sind. Der Wagen geht oder springt geradeaus auf das übernächste Feld. Die beweglichste Figur ist der Radscha. Zwar darf er immer nur ein Feld weit gehen, das aber in jeder Richtung, geradeaus und schräg. Ziel des Kampfes ist es, die gegnerischen Figuren aus dem Feld zu schlagen, bis nur noch der Radscha übrig bleibt, oder diesen gefangen zu nehmen, das heißt so zu umstellen, daß ihm kein Ausweg mehr bleibt ...

In diesem Spiel erkennen wir deutlich die, wenn auch exotisch anmutenden, Grundelemente des heutigen Schachs. Es ist das „Urschach" und wurde in Nordwestindien, im Gangestal, gespielt. Sein Name war Tschaturanga. Wörtlich übersetzt, bedeutet das „vier Teile" oder „das Vierteilige", und gemeint sind die vier Teile oder, wie wir heute sagen würden, Waffengattungen der indischen Heere: Streitwagen, Elefanten, Reiterei und Fußvolk. Tschaturanga ist somit „das Heer" schlechthin. Nach einer anderen Lesart soll der Name des Spiels jedoch besagen, daß „vier Abteilungen", das heißt also vier Heere, einander auf dem Brett gegenüberstehen.

An diese Auslegung hielten sich andere Historiker, die meinten, nicht das soeben beschriebene Spiel sei das Urschach, sondern ein anderes, das von vier Personen mit vier Heeren und mit Würfeln gespielt wurde, ein Würfelvierschach also.

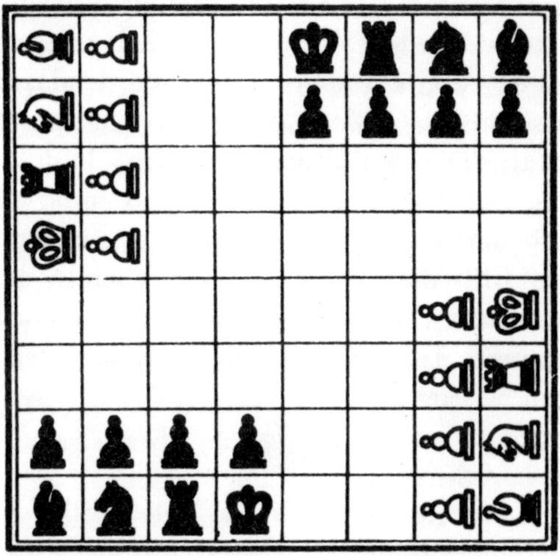

Jede Partei besaß König, Elefant, Roß und Wagen und dazu vier Fußsoldaten und stellte ihre Steine in den Ecken des Brettes auf. Gelb und Rot spielten zusammen gegen Grün und Schwarz. Die Würfel entschieden darüber, mit welcher Figur gezogen werden mußte.

Von welchem dieser beiden Spiele sprach der Dichter Bana, der am Hofe des Königs Shriharsha (606–648) lebte, als er in einem Preisgedicht schrieb, zu Lebzeiten dieses Herrschers seien Heere nur auf den 64 Feldern des Schachbretts gegeneinander angetreten? Die Forschung hat sich zuletzt für das erstgenannte Zweipersonenschach entschieden, das nach den Berechnungen des englischen Orientalisten Murray um 570 n. Chr. am Ganges entstanden sein soll. Für die Theorie, daß das Zweischach das Urschach sein muß, spricht unter anderem, daß alle im 7. Jh. nach Osten – Burma, China, Japan – abgewanderten Schachvarianten ebenso wie das um dieselbe Zeit von den Persern übernommene Schach nur zwei Parteien und keine Würfel kannten, und man nimmt heute an, daß das Würfelvierschach erst um 1000 n. Chr. entstand.

Die Geschichte des Schachs beginnt also um 570 n. Chr., oder jedenfalls: um diese Zeit spielte man in Indien bereits Tschaturanga. Wurde das Spiel damals von *einem* Mann erdacht, von einem Mann vielleicht, der – wie Prinz Siddhartha Buddha ein Jahrtausend vor ihm – meditierend unter einem Feigenbaum saß, oder hat es eine Vorgeschichte, hat es eine Entwicklung aus älteren Formen heraus durchgemacht? Wir finden über die Zeit vor dem 6. Jh. nichts als Gerüchte und Mutmaßungen und schließlich Legenden.

Als die Griechen vor Troja lagen, soll der Euböer-König Palamedes das Schachspiel erfunden haben. Er oder Odysseus, dem bei der Betrachtung des Springers auf dem Schachbrett der Gedanke zu seinem Trojanischen Pferd kam. Doch schon ehe Odysseus heimkehrte, vertrieben sich die Freier

der Penelope die lange Wartezeit angeblich mit dem Schachspiel ...

So lieb uns die Vorstellung sein könnte, das Schach in der Frühzeit unserer eigenen abendländischen Kultur vorzufinden: nichts verleiht diesen Spekulationen auch nur die geringste Glaubwürdigkeit und Wahrscheinlichkeit. Brettspiele waren den Griechen wie allen alten Völkern bekannt, aber keines ähnelte dem Schach, und auch das altägyptische, im Grab Tut-ench-Amuns aufgefundene Senet, in dem man eine Art Schach sehen wollte, entpuppte sich zuletzt als ein Vorläufer des Damespiels, bei dem man hohe Figuren – daher die Verwechslung mit dem Schach – statt flacher Steine verwendete.

Als sinnvoll können wir erst die Legenden betrachten, die Hinweise auf das eigentliche Schachspiel enthalten. Die berühmteste ist die Weizenkornlegende. Sie stammt aus arabischen und persischen Quellen und ist in mehreren Fassungen überliefert. Der Kern ist jedoch immer derselbe: Ein indischer König brachte durch Hochmut und Tyrannei das Volk gegen sich auf. Da erfand ein Brahmane (nach anderen Quellen ein Weiser oder

Wesir) das Schachspiel, das dem König anschaulich vor Augen führte, daß nur die gemeinsame Anstrengung aller dem Wohle des Landes dient und daß der Herrscher ohne den Beistand seiner Untertanen den Feinden schutzlos ausgeliefert ist. Dankbar für die Belehrung, stellte der König dem Brahmanen einen Wunsch frei, und dieser wünschte sich ein Weizenkorn auf dem ersten Feld des Brettes, zwei auf dem zweiten, vier auf dem dritten und so fort. Der König, der zunächst über die allzu bescheidene Forderung des Brahmanen erzürnt war, mußte sich von dem bestürzten Verwalter seiner Kornkammern sagen lassen, daß es so viel Weizen auf der ganzen Welt nicht gab. Der Brahmane hatte rund 18,5 Trillionen (genau: 18 446 744 073 709 551 615) Körner verlangt, eine Weizenmenge, die, seit der Mensch Ackerbau treibt, noch nicht geerntet wurde.

Nach einer anderen Legende wurde das Schachspiel, wiederum in Indien, während einer Hungersnot erdacht, um den Menschen ihr elendes Los zu erleichtern, und den unverhülltesten Hinweis auf das Schach als Kampfspiel enthält eine Legende, die sich ebenfalls auf Indien bezieht: Die Brüder Gau und Talhend kämpfen um den Thron. Der jüngere Talhend fällt im Kampf. Als Gau die Nachricht der Mutter überbringt, will diese den genauen Hergang der Schlacht erfahren, da sie argwöhnt, Gau selbst habe seinen Bruder erschlagen. Da denken sich die Weisen das Schachspiel aus und führen der Mutter anhand der Figuren den Verlauf des Kampfes vor.

Das Spiel, das nach der einen Legende von einem Brahmanen für einen König und nach der andern von den Weisen für die untröstliche Mutter erfunden wurde, war vermutlich das anfangs beschriebene Tschaturanga, aber wenn wir nach dem Körnchen historischer Wahrheit in diesen Legenden

suchen, hilft uns die indische Literatur selbst, die reine Dichtung war, Geschichtsschreibung im Sinne sachlicher Berichterstattung nicht kannte und aufsehenerregendere Ereignisse als die Erfindung des Schachs ignorierte, keinen Schritt weiter. Vor dem Preislied Banas wird das Schach niemals ausdrücklich erwähnt, wenn auch der Indologe R. Thieme anhand von Sanskrittexten das Spiel zwischen 500 und 200 v. Chr. nachweisen zu können glaubt.

Daß das Schach überhaupt in Indien erdacht wurde, berichten einmütig spätere arabische Autoren. Der Historiker Masudi, er starb im Jahre 958 und von ihm stammt auch eine Version der Weizenkornlegende, verlegte jedoch die Erfindung des Schachs in das 2. Jh. *vor* Christus. Von den Indern berichtete er übrigens, sie hätten beim Schachspiel nicht nur ihre gesamte Habe verwettet, sondern auch Finger und ganze Arme. Nach anderen arabischen Quellen, aus denen Christoph Martin Wieland schöpfte, war der Erfinder des Schachs der Brahmane Nassir, der zu Beginn des 5. nachchristlichen Jahrhunderts lebte. Und schließlich heißt es in der im 7. Jh. verfaßten romanhaften Lebensbeschreibung Ardeschirs, des Gründers der Sassaniden-Dynastie, er habe in seiner Jugend – im 3. Jh. – das Schachspiel erlernt.

Lassen solche fragmentarischen Hinweise nur die Entstehungszeit des Spiels als unsicher erscheinen, so gibt es in der Schachforschung eine ganze Richtung, die den indischen Ursprung des Schachs in Frage stellt und gelegentlich immer wieder Anhänger findet. Ihr gehörten in jüngerer Zeit vor allem Sinologen wie Needham an, die behaupteten, das Schach sei in China aus einem Orakelspiel entstanden. Von China wanderte es nach Indien, wo es „militarisiert" wurde, und in der neuen Form eines Kampfspiels kehrte es später in den fernen Osten zurück.

Ein überzeugender Einwand gegen diese Theorie ist, daß die Literatur Chinas, die im Gegensatz zur indischen stark historisch und praktisch orientiert war und uns die Rekonstruktion des chinesischen Alltags in ältester Zeit gestattet, bis zum 8. Jh. n. Chr. nichts vom Schach weiß. Und wenn Konfuzius um 500 *vor* Christus gesagt haben soll, selbst das Schachspiel sei immer noch besser als ein voller Bauch und ein leerer Kopf, so muß man sich fragen, was für Bedeutungen das als „Schach" gedeutete Schriftzeichen im Laufe der Jahrtausende gehabt haben mag. Eines der für Schach verwendeten Zeichen hat die Grundbedeutung „Plan, Anlage" und kann somit eine ganze Reihe verschiedener Spiele charakterisieren.

Für andere Forscher ist die Frage nach der Bedeutung des Schachs ebenso wichtig wie die Klärung seiner geographischen Herkunft. Sie suchen nach einem verborgenen tieferen Sinn der Figuren und ihrer Bewegungen und weigern sich, im Schach lediglich die Übertragung des Kampfes zweier Heere auf ein Spielbrett zu sehen. Sie forschen nach einem Ursprung in magischen, religiösen oder philosophischen Vorstellungen. Die Vier ist von alters her eine heilige Zahl. Bezieht sich das Vier *(tschatur)* nicht, wie der jugoslawische Schachforscher Pavle Bidev meint, auf die vier Elemente, aus deren Widerstreit und Zusammenwirken die Welt entstand und sich erhält? Ist das Schach nicht überhaupt eine Abspiegelung des Kosmos? „Die Steine sind die Erscheinungen im Weltall, und die Spielregeln sind die Naturgesetze", schrieb der englische Naturforscher Thomas Huxley.

Am entschiedensten wendet sich gegen die Deutung des Schachs als Kampfspiel eine Theorie, die unter anderen der Kunsthistoriker Wichmann vertritt. Das Schach entstand ihrzufolge aus dem friedlichen Geist des Buddhismus. Buddhistische Mönche erdachten es und pflegten es, und die alte indische Literatur schweigt zu allen Fragen über seinen Ursprung, weil die Aufzeichnungen zusammen mit einem großen Teil des buddhistischen Schrifttums vernichtet wurden, als der Buddhismus im 7. Jh. endgültig dem religiös-sozialen System des Hinduismus unterlag.

Tatsächlich ist es kaum vorstellbar, daß die Buddhisten keinen Anteil an der Erfindung und Entwicklung des Schachs gehabt haben sollten, und es wäre möglich, daß ihre Figuren und Symbole erst später, oder von Nichtbuddhisten zur gleichen Zeit, durch militärische ersetzt wurden. Der Krieg suchte Indien in der mutmaßlichen Entstehungszeit des Schachs oft genug heim. Das große, seit 320 n. Chr. bestehende Guptareich war durch die nach 470 aus dem Nordwesten einfallenden Hephtaliten

oder Weißen Hunnen gestürzt worden, deren Reich um 565 wiederum von turktatarischen Stämmen vernichtet wurde, und bevor Bana die Friedensliebe seines Königs rühmen und sagen konnte, nur auf dem Schachbrett seien Heere gegeneinander angetreten, hatte Shriharsha zu Beginn des 7. Jhs. mit Waffengewalt das letzte indische Großreich vor der mohammedanischen Eroberung aufgebaut.

Warum zögern wir, im Schach lediglich die Nachahmung einer Feldschlacht zu sehen? Warum versuchen wir, einen anderen Sinn zu entdecken als den augenscheinlichen? Weil das Schach von einer so vollkommenen, zwingenden Logik und aus einfachsten Grundregeln sich entfaltenden Kompliziertheit und Unausschöpfbarkeit ist, daß wir bei seiner Entstehung eine andere Absicht als eine nur spielerische und eine andere Funktion als eine nur nachahmende vermuten müssen. Von der Lasa meinte, Schach sei seinem Wesen nach ein Spiel, seiner Form nach aber eine Kunst und seiner Darstellung nach eine Wissenschaft, und Svenonius drückte eine weit verbreitete Ansicht in dem Satz aus: „Schach ist kristallklare Mathematik in Dramenform.“

Die Behauptung, daß Schach Mathematik schlechthin sei, mag zweifelhaft sein: der Mathematik vergleichbar und von ihrem Geist beseelt ist es gewiß. Könnten wir nicht dem Wesen des Schachs am ehesten gerecht werden, wenn wir seinen Sinn und Ursprung nicht in magischen, religiösen oder philosophischen Vorstellungen suchten, sondern in der Mathematik selbst, und ist Indien der Erdteil, in dem wir einen solchen Ursprung suchen dürfen?

Sinnlichkeit und unüberschaubare, wuchernde Vielfalt der Formen sind für uns auf den ersten

Blick auffällige Kennzeichen der indischen Kultur, und es scheint ein Widerspruch darin zu liegen, daß ein so diszipliniertes und eben mathematisches Spiel wie das Schach aus dem Schoß einer solchen Kultur hervorgangenen sein soll. Der Widerspruch löst sich jedoch augenblicklich auf, wenn wir die anderen Aspekte der so vielschichtigen indischen Kultur betrachten: das Asketische, Weltabgewandte, Kontemplative, den Hang zu Formelhaftigkeit und Stilisierung und damit verbunden eine Besessenheit von der Geometrie, der Zahl, der sogar der Tanz – bei anderen Völkern Ekstase, ungehemmter Ausdruck der Empfindung – zum Opfer fällt. Das um 100 n. Chr. entstandene *Natya Shastra* schreibt 13 Bewegungen des Kopfes, 9 der Augen, 9 des Halses und 10 der Füße, 5 Arten von Sprüngen, 8 Körperhaltungen und 24 Fingerstellungen vor. Sie symbolisieren feststehende Begriffe und erhalten in Figurenfolgen ihren jeweiligen Sinn. Tanz mathematisch erfaßt, Ausdruck und Bedeutung durch lebendig gewordene Geometrie!

Man ist versucht, an jene andere lebendig gewordene Geometrie, an die „stilisierten" Bewegungen der kleinen Figuren auf dem Schachbrett zu denken. Und man erinnert sich, daß die Inder unmittelbar vor der Erfindung des Schachs eine andere Erfindung machten, die eine weltweite Revolution der Mathematik auslöste. Sie entdeckten um 400 n. Chr. die Bestimmung des Zahlenwerts durch die Stellung und erdachten etwas, was sie „Leere" nannten: die Null, die von den Arabern übernommen und wie das Schach, wenn auch erst um 1200, an das Abendland weitergegeben wurde. Der Schluß oder doch die Vermutung liegt nahe, daß es Mathematiker waren, die sich das Spiel ausdachten, das darin besteht, die vorgeschriebenen Bewegungen von 2×16 Figuren auf einer geometrisch zu erfassenden, in 64 Felder aufgeteilten Fläche zu planen – auf einem Spielbrett, das, genau besehen, ein Rechen- und Zählbrett ist. Blieb nur noch, der abstrakten Rechen- und Kombinationskunst eine konkrete, verständliche Form zu geben, und es lag nahe, diese Form, das heißt Figuren und Handlungsabläufe, dem allgegenwärtigen Krieg zu entlehnen.

Was immer also das Schachspiel anfangs gewesen sein mag, in einem haben die Verfechter der Chinatheorie recht: zuletzt wurde es „militarisiert". Aber es muß gleich hinzugefügt werden: Zum Spielzeug der Kriegshandwerker wurde es darum nicht. Zwar spielte Moltke – als einziger Feldherr – vorzüglich Schach, Napoleon aber so schlecht wie leidenschaftlich. Er wurde regelmäßig von Talleyrand besiegt, obwohl er es nicht unter seiner Würde fand zu mogeln, und meinte, Schach sei als Spiel zu schwer und andererseits nicht ernst genug, um als Wissenschaft oder Kunst betrachtet zu werden. Und von Ma'mun, dem Sohn Harun al-Raschids, ist der Stoßseufzer überliefert: „Seltsam, daß ich, der ich die Welt beherrsche vom Indus im Osten bis zum Andalus im Westen, nicht 32 Schachfiguren auf einem Feld von zweimal zwei Ellen zu bändigen vermag."

Doch bis sich Ma'mun mit den 32 Figuren beschäftigen konnte, sollten noch einige Jahrhunderte vergehen. Zunächst muß das Schachspiel, zu Lebzeiten Shriharshas oder schon früher, die Grenzen Indiens überschreiten. Es wandert im Osten nach Burma und von dort aus weiter nach China, Korea und Japan und im Westen nach Persien, wo es nun Tschatrang genannt wird. Ein auf Legenden beruhender Text, der *Tschatrang-namak*, berichtet um 850 von der Erfindung des Schachs durch einen indischen König und der Verbreitung des Spiels in Persien unter Chosrau I. Anuschirwan (531–579). Auf diesen Text stützte sich um das Jahr 1000 Abu'l Qasim Mansur, der größte epische Dichter der Perser, genannt Firdausi, „der Para-

diesische“. Er vollendete die poetische Bearbeitung des persischen Königsbuches, *Shah-nameh*, das die Geschichte des iranischen Reiches von den Anfängen bis zur arabischen Eroberung schildert, und in diesem Königsbuch berichtete er, wie das Schachspiel angeblich nach Persien kam:

Eine indische Gesandtschaft erschien bei Chosrau

und überbrachte ihm ein Schachbrett samt Figuren. Die Inder nannten dem König deren Namen und erklärten im übrigen nur noch, daß das Spiel ein Abbild des Krieges sei. Sollten die Perser die Aufstellung der Figuren und die Spielregeln erraten, werde Indien ihnen Tribut zahlen. Im anderen Falle würden die Perser tributpflichtig. Ein Ratgeber Chosraus war imstande, das Spiel innerhalb der gewährten Frist von acht Tagen zu ergründen.

Was vermutlich wirklich geschah, war, daß persische Krieger das Tschatrang von ihren Streifzügen in Nordwestindien mit nach Hause brachten. Wir wissen über das persische Schach, daß die Figuren und ihre Gangart im wesentlichen dieselben waren wie im indischen. Was sich änderte, waren die Bezeichnungen, die wörtliche Übersetzungen darstellten. So wurde vor allem aus dem Radscha der Schah, von dem das Spiel schließlich seinen Namen herleitete. Nicht ganz klar ist, ob die Aufstellung der Figuren dieselbe war wie in Indien. Man vermutet, daß die Springer auf den Eckfeldern standen.

Eine eigentliche Schachliteratur entstand in der vorislamischen persischen Periode des Schachs nicht. In späterer, islamischer Zeit wurde das Schachspiel zum Gegenstand der Dichtung. So schrieb um 1100 der Mathematiker, Astronom und Dichter Omar Khajjam, der „Zeltmacher“:

Welt ist ein Schachbrett, Tag und Nacht geschrägt,
Wo Schicksal Menschen hin und her bewegt,
Sie durcheinanderschiebt, Schach bietet, schlägt
Und nachher wieder in die Schachtel legt.

Schachgedichte verfaßten noch Omar Saadi im 13. und der berühmte Hafis, dessen Ghaselen Goethe zu seinem West-östlichen Diwan anregten, im 14. Jh. Dem vorislamischen Schach in Persien war im übrigen nur eine kurze Lebensspanne beschieden, denn Omar, der „Beherrscher der Gläubigen“, fiel mit seinen arabischen Kriegern in Persien ein, und mit der Niederlage der Perser bei Nihawend im Jahre 642 n. Chr. war das Schicksal des Sassanidenreiches besiegelt.

Die Araber übernahmen das Schachspiel – sie nannten es Schatrandsch – zusammen mit der zoroastrischen Kultur des Irans. In den Jahrhunderten nach Mohammed waren sie die Lehrer des Abendlandes und stellten eine Brücke her zwischen den spätantiken, hellenistischen Kulturen des östlichen Mittelmeerraums und dem mittelalterlichen, noch im Aufbau und ständigen Wandel begriffenen Europa. Die Errungenschaften des Altertums in den Naturwissenschaften, der Medizin, Mathematik und Philosophie, aber auch auf den Gebieten Wirtschaft, Handel und Technik wurden von ihnen bewahrt und weitergegeben, und in arabischen Übersetzungen wurden die Schriften von Aristoteles, Platon und Plotin, von Galenus, dem Leibarzt Mark Aurels, und Hippokrates, von Euklid, Archimedes und Apollonius verbreitet.

Eine so hoch entwickelte, stark wissenschaftlich orientierte Kultur mußte dem Schachspiel einen besonderen Wert beimessen, und tatsächlich beginnt nun die erste große, die arabische Epoche des Schachs. Sie beherrschte auch das europäische Mittelalter, das bis etwa 1500 arabisches Schach spielte.

Das Dunkel in der Geschichte des Schachs beginnt sich aufzuhellen. Man kennt nun Namen, Daten, Fakten. Schon um 700 wird zum erstenmal ein Blindspiel erwähnt, und einige Jahrzehnte später wurden die ersten Wettkämpfe und regelrechten Turniere veranstaltet. Um 800 war das Spiel in der ganzen Bevölkerung verbreitet, zugleich kam auch schon das Problemschach auf. Um

850 schrieb al-Adli, ein hervorragender Meister (vermutlich der größte seiner Zeit, bis er 847 am Hofe des Kalifen al-Mutawakkil von ar-Razi besiegt wurde) die erste Abhandlung über das Schachspiel, in der er Theorien berühmter Meister und einige damals übliche Spieleröffnungen wiedergab.

Von diesem Zeitpunkt an entwickelte sich in den arabischen Ländern eine reiche Schachliteratur, und das Spiel fand Eingang in die Dichtung, in Legenden und Sprichwörter, in Traumbücher und in die Erzählungen der Scheherezade. Man erforschte die Zusammenhänge zwischen Schach und Mathematik (die Araber waren die Erfinder der Algebra!). Die Schachtheorie wurde entwickelt. Die ersten Berufsschachspieler traten auf, die Meister wurden bereits wie heute in Kategorien eingestuft und von den Kalifen gefördert.

Das neue Spiel breitete sich rasch zusammen mit dem Islam aus: in Nordafrika und auf Sizilien und Sardinien, und mit den Mauren kam es nach Spanien, vermutlich schon kurz nachdem al-Tarik mit seinen Kriegern 711 die Enge von Gibraltar überschritten hatte.

Wie sah dieses arabische – und arabisch-europäische – Schach nun aus, und nach welchen Regeln wurde es gespielt? Der König blieb der König, *al-schach,* aus dem Ratgeber der Inder wurde der Wesir, *al-firzan.* Im deutschen Sprachraum war er bis ins 15. Jh. „der Fers". Der Elefant blieb ein Elefant, *al-fil,* deutsch der „Alfil" oder meist einfach „der Fil", das Roß wurde zum Reiter, *al-faras,* und auf den Eckfeldern stand *al-rukh,* der Wagen, im Deutschen (unter anderem) „der Roch". Der Bauer hieß *al-baidaq.* Das Brett war noch wie im Tschaturanga durch Linien in gleichfarbige Felder unterteilt.

Die Aufstellung der Figuren entsprach der heutigen – mit einer Ausnahme: der König stand, wo heute die Dame steht, und der Fers hatte den Platz des Königs inne. Die heutige Gangart hatten König, Springer und Roch. Der Fers zog und schlug nur ein Feld diagonal, der Fil ging – oder sprang über eine Figur hinweg! – diagonal aufs übernächste Feld. Der Bauer konnte, von regionalen Ausnahmen abgesehen, auch aus der Grundstellung nur einen Schritt machen und auf der letzten Reihe nur in einen Fers verwandelt werden, aber er schlug nun schräg, während er in Indien und Persien nach dem Muster aller anderen Steine geschlagen hatte, wie er gegangen war. Die Rochade war unbekannt. Der König hatte eine unvergleichlich größere Kampfstärke als heute. Nur der Roch, der Turm, war ihm als einziger Langschrittler mit der vollen Bewegungsfreiheit in der Horizontalen und Vertikalen überlegen.

Der Mattsieg war daher selten und wurde am höchsten bewertet. Daneben gab es den Pattsieg und, wenn alle gegnerischen Steine mit Ausnahme des Königs vom Brett geschlagen waren, den sogenannten Beraubungssieg.

Ein Vergleich mit dem heutigen Schach zeigt, daß das arabische ein langsames, bedächtiges Spiel war. Die Bauern kamen nicht schnell genug voran, und es fehlten die langschreitenden, rasch zuschlagenden Figuren Dame und Läufer. Kurz, die Partie entwickelte sich etwas mühsam und konnte durch eine ungeschickte Eröffnung leicht ins Stocken geraten, das Zusammenspiel der Figuren ließ noch zu wünschen übrig, und das Spiel war arm an Spannung. Abwechslungsreich verlief es meist nur für ungeschickte Spieler, die einander mehr durch ihre

Fehler als durch den Einfallsreichtum ihrer Kombinationen überraschten. Bei gekonntem Spiel endete die Partie allzu oft unentschieden.

Die Meister glichen diese Nachteile bis zu einem gewissen Grade aus durch die sogenannten Tabijen: feststehende Ausgangspositionen, die vor Beginn der eigentlichen Partie durch eine bestimmte Anzahl von Zügen (meist zwölf bis vierzehn) auf beiden Seiten hergestellt wurden und eine Entfaltung der Figuren sicherten, aus der sich ein interessanteres Spiel ergab, das außerdem dadurch an Reiz und Spannung gewann, daß um hohe Einsätze gespielt wurde – in den arabischen Ländern und ebenso auch im mittelalterlichen Europa. Das leidenschaftliche Schachinteresse war nicht selten Ausdruck der Wettleidenschaft.

Daneben verzichtete man oft überhaupt auf das Partienspiel und beschäftigte sich statt dessen mit Problemen, das heißt mit Endspielstudien, sogenannten Mansuben. Ihnen war ein großer Teil der Schachliteratur gewidmet, und mehr als 500 sind uns überliefert. Die Araber hatten übrigens auch schon die Gewohnheit, Partien aufzuzeichnen, und die älteste notierte Partie stammt laut Murray aus dem 10. Jahrhundert. Die wunderbaren Namen der Spieler seien genannt, um das arabische Kapitel recht arabisch abzuschließen: Abubekr Muhammad ibn Jahja Assuli und Abulfaradsch Almuzaffar ibn Sa'ud Alladschladsch.

Die rein arabische Epoche des Schachs geht nun in die arabisch-europäische über, deren Anfänge in Spanien zu suchen sind. Dort zerbricht unter dem Ansturm der Araber das große Westgotenreich. Roderich, sein letzter König, fällt 711 bei Jérez de la Frontera. Die Araber überrennen den größten Teil der Iberischen Halbinsel, und erst in der

Schlacht von Tours und Poitiers kann ihnen Karl Martell 732 Einhalt gebieten. Von Nordosten her beginnt die Rückeroberung Spaniens. Unter Karl dem Großen entsteht 778 die Spanische Mark des

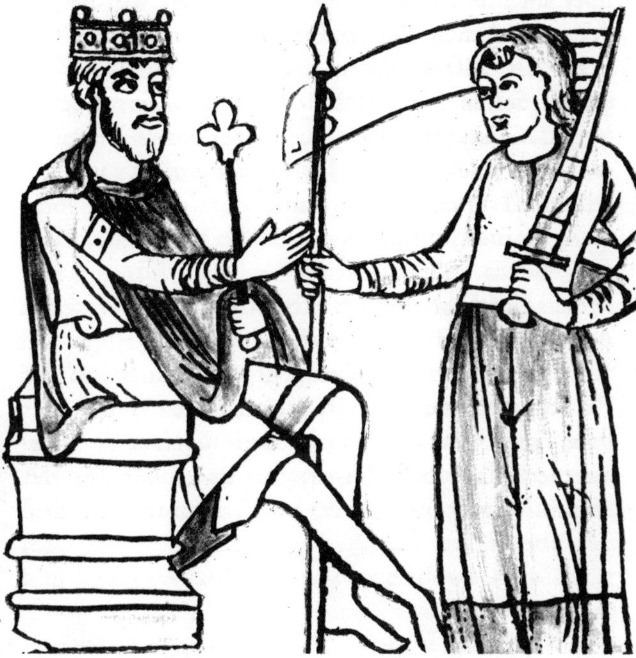

Frankenreiches mit der Hauptstadt Barcelona, aus der sich das Königreich Navarra und die Grafschaft Katalonien entwickeln. Katalonien wird zum äußersten Vorposten des christlichen Abendlandes im Südwesten und stellt die Verbindung her zum großen Emirat von Córdoba, das mit Ausnahme Asturiens ganz Spanien und Portugal umfaßt. Und von Katalonien aus, das es schon während der kurzen Besatzungszeit von den Mauren übernommen oder später aus dem Emirat eingeführt hatte, gelangt das Schachspiel ins Frankenreich und nach Norditalien.

Die dokumentarischen Belege für die Existenz des Schachs in der christlichen Welt lassen allerdings noch eine Weile auf sich warten. Im Schweizer Kloster Einsiedeln wurde ein Schachgedicht gefunden, das möglicherweise schon im 10., vielleicht aber auch erst im 12. Jh. geschrieben wurde. Die erste eindeutig datierbare Urkunde stammt aus dem Jahre 1010. Es ist das sogenannte Katalonische Testament, in dem der Kirche unter anderem kostbare Schachfiguren aus Bergkristall vermacht wurden, und eine ähnliche Schenkung wurde in einem Testament vorgenommen, das 1058 ebenfalls in Katalonien, in der Nähe Barcelonas, verfaßt wurde.

Die Kirche stand dem Schach zunächst ablehnend gegenüber, vor allem wohl deshalb, weil in der Regel um hohe Geldbeträge gespielt wurde, so daß das Schach wie die Glücksspiele zu verdammen war. Der heilige Bernhard von Clairvaux, einer der Schöpfer der Ordensregeln der Tempelherren, sagte ausdrücklich, vor dem Schach müsse man den-

selben Abscheu hegen wie vor dem Würfelspiel. Der Pariser Bischof Odon verbot im 12. Jh. den Klerikern den Besitz von Schachbrettern, und 1208 untersagte der Bischof de Sully das Schachspiel der gesamten Geistlichkeit, was Ludwig IX. dem Heiligen noch nicht genügte. Er verbot das Spiel 1254 auch den Laien, und andere weltliche Herrscher folgten seinem Beispiel. Die Konzile von Paris (1212), Trier (1310) und Würzburg (1329) befaßten sich mit dem Schach und verdammten es, und als heidnisch verbot es auch die russisch-orthodoxe Kirche. Später bezogen sich die Einwände der Theologen nicht immer nur auf den allgemeinen „liederlichen" Charakter jeglicher Art von Spiel. Man sah im Schach besondere sittliche Gefahren drohen: Wenn der Bauer auf der letzten Reihe in eine Dame verwandelt werden kann – bedeutet das nicht, daß ein König zwei Frauen haben dürfe?

Kirchliche (und weltliche) Verbote wurden zwar bis zum 15. Jh. immer wieder ausgesprochen, aber im großen und ganzen änderte die Kirche im 14. Jh. ihre Einstellung. Päpste förderten das Schachspiel, und es wurde in den Klöstern gepflegt. Im übrigen hatte die Geistlichkeit selbst die Verbote nie allzu ernst genommen. Im Jahre 1061 zog sich der Bischof von Florenz, der von Kardinal Damiani beim Schachspiel ertappt wurde, eine schwere Rüge zu und mußte zur Buße unter anderem zwölf Armen die Füße waschen, und um 1260, sechs Jahre nach dem allgemeinen Schachverbot Ludwigs des Heiligen, würzte Johannes Gallensis, Doktor der Theologie an der Universität von Paris, seine Predigten mit Schachallegorien: „Auf dem Brett des Lebens spielt der Teufel mit dem Menschen und sagt ihm Schach; wer sich dann nicht schnell bekehrt, dessen Seele wird mit Matt geraubt . . ."

Die Ausbreitung des Schachs von der maurischen Eroberung Spaniens bis zum 12. Jh. läßt sich in großen Zügen deutlich verfolgen. Von Spanien aus gelangt das Spiel auf direktem Wege ins Frankenreich und nach Norditalien. Deutschland erhält es aus Oberitalien und gibt es weiter an England (wohin es zugleich aus Frankreich gelangt), Osteuropa und Skandinavien, und dort ist es zu Beginn des 12. Jhs. nachweisbar.

In Deutschland ist das Spiel um das Jahr 1000 offenbar schon weit verbreitet. In dem Versroman „Ruodlieb", der zwischen 1030 und 1060 von einem unbekannten Mönch des Klosters Tegernsee in lateinischer Sprache verfaßt wurde, bildet das Schachspiel einen wesentlichen Teil der Handlung eines ganzen Abschnitts, in dem geschildert wird, wie der junge Ruodlieb, der mit einer Friedensbotschaft an den Hof eines Königs kam, diesen König und alle Hofleute am Schachbrett besiegte. Und es ist bezeichnend, daß nicht nur der ganze Hof das Spiel kennt, sondern daß man von dem Fremden auch Belehrung erwartet. „Ich will sehen, was für unbekannte Züge du machen wirst", sagt der König zu Ruodlieb.

Einen Sonderfall stellt der äußerste Osten des europäischen Verbreitungsgebietes – Rußland – dar. Eindeutig nachweisbar ist das Schachspiel im 11. Jh. durch Funde von Elfenbeinfiguren in der Gegend von Kiew, aber es wurde vermutlich schon drei Jahrhunderte früher eingeführt, und zwar unmittelbar aus dem Vorderen Orient, denn einige Figuren hatten von jeher – und haben noch – ihre in-

disch-persischen Namen. Der Läufer heißt „Elefant“ *(slon)*, der Turm heißt neben *tura* auch *ladja*, was „Boot“ bedeutet und auf das Tschaturanga hinweist (in älteren Spielen ist er auch als Boot oder Schiff dargestellt), und die Dame heißt heute noch *fers* und ist männlichen Geschlechts. Die neuen Spielregeln übernahm Rußland später dann freilich aus Westeuropa.

Der geographischen Ausbreitung folgte unmittelbar eine gesellschaftliche. Im 11. und 12. Jh. war das Schachspiel nach Reiten, Bogenschießen, Fechten, Jagen, Schwimmen und Dichten die siebente Kunst, die ein Ritter beherrschen mußte, und neben dem Adel widmete sich die Geistlichkeit als eigentliche gebildete Schicht dem Schachspiel. Dann aber, gegen Ende des 13. Jhs., übernahm es auch das Bürgertum. Wer Anspruch auf Bildung erhob, mußte es erlernen, und der altfranzösischen Literatur ist zu entnehmen, daß es zur Kindererziehung gehörte. Schließlich wurde das ganze ausgehende

Mittelalter von einer wahren Schachleidenschaft erfaßt, und das Spiel fand Eingang in alle Stände. Die Frauen spielten ebenso gern wie die Männer und wurden als ebenbürtige Gegner betrachtet.

Es ist sicherlich kein Zufall, daß zugleich mit der Popularisierung des Schachspiels im 13. Jh. auch die ersten Abweichungen von den Regeln der Araber auftraten, die dazu beitrugen, das Spiel zu beschleunigen. Alle Bauern durften nun mit einem Doppelschritt aus der Grundstellung gehen, und mit dem Königssprung wurde die Grundidee der Rochade eingeführt (obwohl bei der eigentlichen Rochade natürlich der Roch, der Turm, beteiligt sein muß): König und Fers zusammen durften beim ersten Zug vom ursprünglichen Standort aus gerade oder schräg auf das übernächste Feld springen, der König aber nur, wenn er nicht im Schach stand und kein vom Gegner bedrohtes Feld überspringen mußte.

Der Doppelschritt des Bauern wird bereits 1283 im Alfonsinischen Schachbuch erwähnt. Alfons X.

der Weise (1221–1284) herrschte über die nicht, beziehungsweise nun nicht mehr, vom Islam besetzten spanischen Reiche León und Kastilien. Er ließ eine Sammlung von Schriften über das Schach und andere Spiele zusammenstellen, in deren Vorwort, das vermutlich von ihm selbst stammt, die Überlegenheit des Schachs gegenüber allen anderen Spielen hervorgehoben wird. Diese schon nicht mehr in lateinischer, sondern in spanischer Sprache abgefaßte Handschrift gilt als das größte und wichtigste nichtarabische Schachwerk des Mittelalters. Sie enthält kultur- und sittengeschichtlich interessante Miniaturen nach persischem Vorbild und eine Sammlung von Endspielproblemen (Mansuben) und beschreibt verschiedene Schachbretter und astronomische Schachspiele.

Vom Alfonsinischen Schachcodex und Problemsammlungen abgesehen, gab es um diese Zeit in Europa noch keine eigentliche Schachliteratur. Die Dichtung bemächtigte sich zwar des Schachs in Form von allegorischen Darstellungen (so deutete schon 1180 der Engländer Alexander Neckam die Schachfiguren symbolisch als Vertreter der Menschheit, und die Schachzabelbücher nehmen einen breiten Raum in der Literaturgeschichte ein), aber die ersten regelrechten Lehrbücher des Schachspiels erschienen erst um 1500, rund zweihundert Jahre nach Alfons. Ihr Studium zeigt, daß mittlerweile, im Laufe des 15. Jhs., eine regelrechte Revolution auf dem Schachbrett stattgefunden hatte:

Aus dem springenden, aber kurzatmigen Fil ist der Läufer geworden, der zwar auf den Sprung verzichten muß, dafür aber die Diagonalen uneingeschränkt beherrscht, und anstelle des behäbigen Fers steht als neue Figur die Dame oder Königin, die nun die Gangarten des Turms und des neuen Läufers vereinigt und damit zur weitaus schnellsten und stärksten Figur wird. Wie sehr die Beschleunigung und Dynamisierung des Spiels von den Zeitgenossen selbst empfunden wurde, erkennt man daran, daß die Italiener das neue Schach *alla rabiosa* (auf stürmische Art) nannten.

Bemerkenswert ist der welthistorische Zusammenhang, in dem sich die Änderung auf dem Schachbrett vollzieht. Der Islam hatte seit dem 13. Jh. zwar seinen Wirkungsbereich trotz der Gebietsverluste in Spanien erweitert, aber keine bedeutenden kulturellen Leistungen mehr hervorge-

bracht. Die statisch gewordene islamische Kultur unterlag, wo immer sie mit der dynamischen, fortschrittlichen Kultur Europas in Berührung kam, die, ebenfalls seit dem 13. Jh., durch die große Bewegung des Humanismus aus der Geisteshaltung des Mittelalters in die der Neuzeit geführt wurde. Im 14. Jh. kündigte sich die Renaissance an, die sich gegen Ende des 15. Jhs. über ganz Europa ausbreitete. In demselben Jahrhundert beginnt Europa die Grenzen der alten Welt zu sprengen. Von 1418 an erkunden die Portugiesen unter Heinrich dem

Seefahrer die westafrikanische Küste, und noch ehe das Jahrhundert um ist, wird Kolumbus Amerika entdeckt und Vasco da Gama Afrika umschifft und die Küste Indiens erreicht haben.

Europa gibt das arabische Schach in demselben Augenblick auf, da es sich geistig und militärisch endgültig von den Arabern befreit (Granada, das letzte maurische Bollwerk in Spanien, fällt 1492), ein neues Bewußtsein gewinnt, indem es aus seinen Quellen in der Antike schöpft, und, von intellektueller Unruhe und Neugier getrieben, in neue Welten vorstößt.

Es ist, als hätten die Menschen des 15. Jhs. keine Zeit und Muße mehr gehabt für das langsame Spiel aus jener Welt des Orients, in der eine Scheherezade ihre Erzählungen tausendundeine Nacht lang ausspinnen konnte. Man spielte nun „alla rabiosa", stürmisch.

Was neben der neuen Gangart von Läufer und Dame zur Beschleunigung des Spiels beitrug, indem es eine blitzschnelle Änderung der Spielsituation ermöglichte, war die Rochade. Sie ergab sich als Notwendigkeit, denn der König brauchte angesichts der Schnelligkeit, mit der die neuen Figuren einen Angriff vortragen konnten, eine Möglichkeit, sich durch einen Stellungswechsel besser zu schützen. Die Rochade wurde allem Anschein nach um 1500 in Italien eingeführt, und es gab in den folgenden Jahrhunderten verschiedene Möglichkeiten, die Positionen von König und Turm zu vertauschen – in der heute üblichen Weise zum erstenmal im 16. Jh. Rabelais (1494–1553) erwähnt sie in „Gargantua und Pantagruel".

Drei überlieferte Werke aus der Zeit um 1500 halten die neuen Spielregeln fest und führen in das „moderne" Schach ein. Das erste ist die Göttinger Handschrift. Sie entstand in den letzten Jahren des 15. Jhs. im iberischen oder französischen Raum und ist in einem wunderbar eingängigen Latein abgefaßt: „Accipite suum pedonem cum equite, et si

accipit cum pedone date ei scacum cum regina ..." (Nehmt seinen Bauern mit dem Springer, und wenn er [ihn] mit dem Bauern nimmt, gebt ihm Schach mit der Königin.) Die Handschrift enthält 15 Probespiele, deren eines mit seinen 33 Zügen die erste vollständig aufgezeichnete Partie nach den neuen Regeln darstellt, 12 Eröffnungen mit der neuen Gangart von Dame und Läufer und einen Problemteil, der dem alten und dem neuen Schach gewidmet ist.

Das zweite bedeutende Werk veröffentlichte 1497 der spanische Schachmeister Juan Ramírez Lucena, der ursprünglich den geistlichen Stand erwählt hatte, dann aber als Berufsspieler in Salamanca lebte. Lucena beschäftigte sich mit Eröffnungen und vor allem mit Problemen aus der alten und der neuen Spielpraxis.

Die weiteste Verbreitung fand das dritte Werk dieser Epoche, das aus der Feder des portugiesischen Meisters Damiano, eines Apothekers, stammte und 1512 erschien. Auch darin waren die neuen Regeln enthalten, und der Autor stellte Betrachtungen über das Positionsspiel an und demonstrierte Züge, die zu einem besseren Zusammenspiel der Figuren führten.

Der bedeutendste Schachautor und Theoretiker und zugleich der stärkste Spieler seiner Zeit war jedoch der Spanier Ruy López aus Segura. Er beherrschte das Schachleben zwanzig Jahre lang und wurde von Philipp II. hochgeschätzt und ausgezeichnet. Im Jahre 1561 veröffentlichte er ein Lehrbuch, das ihm durch seine Analysen und gründlichen Erläuterungen der Züge den Beinamen eines „Vaters der Schachtheorie" eintrug.

Mit diesen spanischen Meistern beginnt in der Schachgeschichte die Neuzeit, um nicht, mit leichter Übertreibung zu sagen, die Gegenwart, denn ein großer Teil dessen, was fortan erdacht wird, fristet nicht, in historischen Werken begraben, ein Scheindasein, sondern lebt heute noch auf dem Schachbrett. Wer ein umfangreicheres Lehrbuch aus unseren Tagen aufschlägt, findet darin die Lucena-Position unter den Turmendspielen und Lucenas Matt, Damianos Matt und Verteidigung und die Spanische Partie und das Königsgambit nach López.

Ein reges Schachleben gab es um diese Zeit auch schon in Deutschland. Der erste urkundlich nachgewiesene Städtewettkampf fand 1467 in Heidelberg statt. Die dortige „Gesellschaft der Schachzabelfreunde" lud die Schachspieler Nördlingens für den 21. September zu einem Turnier ein. Die Gäste erhielten freie Unterkunft und Verköstigung, und für die Sieger gab es Geld- und Ehrenpreise.

Andere Städte folgten dem Heidelberger Beispiel, und wir wissen von einem Turnier, das 1477 in Nürnberg veranstaltet wurde. Wie sehr das Schach damals auch in Deutschland das Denken und die Vorstellungen der Menschen durchdrang, bezeugen zahllose Aussprüche. So sagte der große Reformator und Humanist Philipp Melanchthon: „Wenn ich reich wäre, so wollte ich mir ein gülden

Schach lassen zurichten zur Erinnerung, denn Gottes Schach sind große, mächtige Fürsten, Könige, Kaiser, da Er immer einen durch den andern schlägt.“ Und der sonst so bescheidene Luther träumte von einem Schachspiel mit kostbaren Figuren aus Gold und Silber.

Ein Liebhaber und Förderer des Schachspiels war unter anderen der weitgereiste Herzog August der Jüngere von Braunschweig-Wolfenbüttel (1579 bis 1666), von dem der Ausspruch stammt: „Schach ist die Kunst der menschlichen Vernunft“. Er veröffentlichte 1617 unter dem Pseudonym Gustavus Selenus das erste Schachlehrbuch in deutscher Sprache,

Das
Schach- oder
König-Spiel.
Von
GUSTAVO SELENO,
In vier unterschiedene Bücher/
mit besonderm fleiß/gründ- und
ordentlich abgefasset.
Auch mit dienlichen Kupfer-
Stichen / gezieret:
Desgleichen vorhin nicht außgangen.
Diesem ist zu ende/angefüget/ein sehr al-
tes Spiel / genandt /
RYTHMO-MACHIA.
Cum Privil: Cæsareo, ad Sexennium.
LIPSIÆ. CIↃ IↃC X[illegible]II.

das zum größten Teil eine Übersetzung der Schriften des López darstellte: „Das Schach- oder Königs-Spiel, in vier unterschiedene Bücher mit besonderem Fleiß gründ- und ordentlich abgefasset ...“

Ein Jahr später brach der Dreißigjährige Krieg aus, der die weitere Entwicklung auf deutschem Boden für lange Zeit unterbrach.

Im Süden Europas wurde gegen Ende des 16. Jhs. die von López angeführte spanische Schule von der italienischen abgelöst. López hatte 1560 bei einem Rombesuch den Italiener Leonardo da Cutri geschlagen. Leonardo übte danach zwei Jahre lang mit den besten Meistern in Neapel und sammelte weitere Kenntnisse und Erfahrungen in anderen italienischen Städten. Als 1575 in Madrid, am Hof Philipps II., ein Länderwettkampf Spanien gegen Italien stattfand, konnte Leonardo López schlagen, und die Italiener gewannen das Turnier. Italien übernahm die Führung im Schach zu der Zeit, in der es die erste Kulturnation Europas war.

Der italienischen Schule gehörten neben Leonardo noch die Meister und Theoretiker Boi, Greco, Polerio und Salvio an. Boi galt zusammen mit Leonardo als der stärkste Spieler des 16. Jhs., Greco als der beste des frühen 17. Jhs. Alle reisten sie als Berufsspieler weit umher und zeigten ihre Kunst in vielen Ländern. Boi kam bis in die Türkei, Greco starb gar auf den Antillen. Ihre Beiträge zur Entwicklung des Schachs sind bedeutend: Sizilianische Verteidigung, Giuoco piano, Fianchetto, Zweispringerspiel, Polerios Eckenspiel ...

Das italienische Schach behält seine Vorrangstellung bis etwa 1750 und erlebt im 18. Jh. noch einmal eine Hochblüte in der Schachschule von Modena mit den „drei großen Modenesen“ Domenico

Ponziani, Giambattista Lolli und Ercole del Rio. Dann tritt als neue Schachnation Frankreich auf den Plan, wenn auch die italienische Schule, das heißt ihre Spieltechnik (einfache Spielführung, schnelle Entwicklung und rascher Angriff auf den König unter Aufopferung der Bauern) noch bis ins 19. Jh. nachwirkt.

Hätte es den Titel „Weltmeister" im 18. Jh. schon gegeben, so wäre er dem Franzosen François André Philidor-Danican zuerkannt worden. Philidor schlug mit 20 Jahren den führenden englischen Meister Sir Abraham Janssens und ein Jahr später Philipp Stamma, einen syrischen Schachmeister, der über Paris nach London gekommen war, und von diesem Augenblick an galt er als der stärkste Spieler der Welt. Er war ein Schüler des Sire de Légal, des ersten Berufsschachspielers im Café de la Régence in Paris, das von 1750 bis etwa 1830 das Schachzentrum nicht nur Frankreichs, sondern der Welt war. In diesem Café verkehrten nicht nur die Schachmeister und Berufsspieler, die sich jedem Gast auf Wunsch für eine Partie zur Verfügung stellten (nach Sire de Légal berühmte Meister wie de LaBourdonnais, Saint-Amant, der einarmige napoleonische General Deschapelles und später Kieseritzki), sondern auch die literarische und politische Prominenz von Voltaire und Rousseau bis Robespierre und Napoleon Bonaparte.

De LaBourdonnais, der zweite inoffizielle Weltmeister, und Saint-Amant, ein Schüler Deschapelles', behaupteten nach Philidor die Vormachtstellung Frankreichs, bis Saint-Amant 1843 von dem Engländer Staunton besiegt wurde, der von nun an als bester Spieler und inoffizieller Weltmeister galt. Staunton verteidigte seinen Titel erfolgreich bis 1851. Dann wurde er von dem Deutschen Adolph Anderssen geschlagen.

Der Sieg Anderssens kam für die Welt unerwartet. Unerklärlich war er keineswegs, denn schon während der französischen Vorrangstellung im Schach waren in Deutschland seit Beginn des 19. Jhs. starke Schachbewegungen entstanden. Im Jahre 1803 wurde der „Berliner Schachclub" gegründet, dem 1827 die weit bedeutendere „Berliner Schachgesellschaft" folgte, als deren führender Kopf Ludwig Bledow hervortrat. Klubs und Vereine entstanden auch in anderen deutschen Städten, die wichtigsten in Hamburg und Leipzig (Schachverein Augustea) und später in München, Augsburg und Breslau. Dem Breslauer Schachklub gehörte Anderssen an. Bedeutende theoretische Arbeiten leisteten Rudolf von Bilguer (1815–1840), dessen großes „Handbuch des Schachspiels", kurz „der Bilguer" genannt, Weltgeltung erlangte, und nach ihm Tassilo von Heydebrand und der Lasa, der übrigens auch den „Bilguer" nach dem frühen Tod des Autors vollendete.

Der Triumph Anderssens, der bei seiner Rückkehr aus London zum „Schachkaiser" gekrönt wurde, löste in Deutschland eine allgemeine Schachbegeisterung aus, die unter anderem auch in der rasch aufeinanderfolgenden Gründung neuer Vereine ihren Niederschlag fand. Neben Anderssen selbst trugen vor allem Louis Paulsen, Max Lange, der Anderssen-Schüler Jean Dufresne, dessen „Lehrbuch des Schachspiels" zum Klassiker wurde, und Jacques Mieses (der Dufresnes Buch später bearbeitete) in Theorie und Praxis zur weiteren Entwicklung des Schachs bei.

In Österreich drang das Schach zwar erst im Laufe des 19. Jhs. in breitere Bevölkerungsschichten ein, aber der Hof hatte es seit Jahrhunderten gepflegt – angeblich schon seit der Zeit der Babenberger. Im Todesjahr Philidors, 1795, erschien in Wien das erste große, über bloße Kompilationen hinausgehende Handbuch des Schachspiels in deutscher Sprache, die „Neue Theoretisch-Praktische Anweisung zum Schachspiele". Sein Verfasser war Johann Baptist Allgaier (1763–1823), der Schachlehrer der Erzherzöge Anton Rainer und Ludwig Rudolf. Er stellte eine Synthese der Eröffnungen der Schachschule von Modena und der Grundprinzipien Philidors her, und man nannte ihn den „deutschen Philidor". Die von Allgaier begründete österreichische Schachtradition wurde im 18. Jh.

fortgesetzt von Falkbeer, Englisch und Weiß, und aus ihr sollte schließlich auch Steinitz hervorgehen. In Wien fand 1873 das erste Internationale Schachturnier statt. Der Sieger hieß Steinitz. Große Bedeutung für das Schachleben gewann um die Jahrhundertwende die Wiener Schachschule, deren wichtigste Vertreter Carl Schlechter und Georg Marco, der Redakteur der „Wiener Schachzeitung“, waren und der unter anderen Vidmar, Tartakower und Spielmann angehörten. Der von dem Industriellen Leopold Trebitsch und Baron von Rothschild großzügig unterstützte Wiener Schachklub zählte um diese Zeit nicht weniger als 600 Mitglieder.

Anderssen behielt seinen Rang als inoffizieller Weltmeister bis 1858. In diesem Jahre wurde er von einem Außenseiter, dem 21jährigen Amerikaner Paul Morphy, besiegt. Doch schon ein Jahr später zog sich das Wunderkind Morphy aus dem Schachleben zurück. Der Titel des weltbesten Spielers fiel wieder an Anderssen, der ihn bis 1866 halten konnte.

Mit Anderssen erreichte die sogenannte „romantische Epoche“ ihren Höhepunkt. Ihr gehörten die bereits genannten Meister de Légal, Deschapelles und de LaBourdonnais ebenso an wie Morphy und Kieseritzki, und sie war wie die Romantik in Kunst und Literatur gekennzeichnet durch die Betonung des Individuellen und Spontanen.

Im Jahre 1866 mußte Anderssen, der Meister der genialen Kombinationen, seinen Titel endgültig an den Österreicher Wilhelm Steinitz abtreten, der ihn mit 8:6 (ohne Remispartien!) schlug. Steinitz, der einen neuen, wissenschaftlichen Stil einführte und das moderne Positionsschach begründete – bei dem man, nach der Definition

Richard Rétis, „nicht die einzelnen Züge vorauszuberechnen sucht, sondern sich von allgemeinen Prinzipien leiten läßt" –, erwies sich den Romantikern nicht nur durch seinen Sieg über Anderssen überlegen, sondern auch indem er 1886 beim ersten offiziellen, in New York, St. Louis und New Orleans, ausgetragenen Weltmeisterschaftskampf den Anderssen-Schüler Zukertort mit 10:5 bei fünf Remispartien schlug. Durch diesen Sieg wurde Steinitz zum ersten Weltmeister, der den Titel offiziell trug.

Er verteidigte ihn erfolgreich gegen Tschigorin (1889) und den Engländer Gunsberg (1890) und 1892 – mit 56 Jahren – noch einmal gegen Tschigorin, einen hervorragenden Spieler, der viel zur Verbreitung und Entwicklung des Schachs in Rußland beitrug: unter anderen betrachteten sich die Weltmeister Aljechin, Smyslow und Tal als seine Schüler. Dann erwuchs jedoch dem alternden Steinitz ein starker Rivale in dem Deutschen Emanuel Lasker, der ihm 1894 den Weltmeistertitel abnahm.

Die Zahl der Meister, die nicht nur erstrangige Spieler waren, sondern auch Bedeutendes für die Weiterentwicklung der Schachpraxis und -theorie leisteten, nimmt von den letzten Jahren des 19. Jhs. an in solchem Maße zu, daß sie in dieser kurzen Darstellung nicht alle ihrem Verdienst entsprechend gewürdigt oder auch nur vollständig aufgezählt werden können. Man kann an sich nicht von Lasker sprechen, ohne beispielsweise Carl Schlechters zu gedenken, der 1910 in einem WM-Kampf unentschieden gegen Lasker spielte und von dem dieser sagte: „Wie kann man jemand schlagen, der Gewinnmöglichkeiten und starken Angriffsdrohungen mit der gleichen Gelassenheit begegnet!" Oder Akiba Rubinsteins, der um 1910 der stärkste Spieler der Welt neben Lasker war. Aber alles Folgende kann, wenn es sich nicht auf eine kommentarlose und unüberschaubare Aufzählung von Namen beschränken soll, nur noch eine Zusammenfassung und Konzentration auf das Wesentlichste sein.

Die Jahrzehnte nach 1890 standen unter dem Zeichen von Lasker und Siegbert Tarrasch, die trotz ihrer gegensätzlichen Auffassungen beide auf den Lehren von Steinitz aufbauten und gemeinsam die „klassische Epoche" einleiteten. (Im Schach folgt die Klassik auf die Romantik, anstatt ihr vorauszugehen.) Lasker, der „Schachtitan", war der große Schachdenker, der Philosoph und Psychologe (er war der Meinung, daß ein Zug nicht nur an sich, sondern vor allem im Hinblick auf den jeweiligen Gegner gut oder schlecht ist), Tarrasch

der große Theoretiker und strenge Dogmatiker, der „Praeceptor Germaniae", dessen Lehren, von gewissen allzu starren Elementen abgesehen, noch heute Gültigkeit haben. (Grundsätzlich gegen die Dogmen Tarraschs wandte sich allerdings schon nach 1920 die „hypermoderne Schachschule" mit den Hauptvertretern Richard Réti und Gyula Breyer.)

Das klassische Schach strebte wie jede Klassik nach Vollkommenheit und Mustergültigkeit. Es versuchte vor allem, eine Synthese von Kombinationsspiel – scharf angelegter Partie mit raschem Angriff auf den König – und Positionsspiel – Ausbau und Ausnutzung von Stellungsvorteilen als Grundlage des entscheidenden Angriffs – herzustellen, was besonders Aljechin in hohem Maße gelang. Andere Meister dieser Richtung waren J. R. Capablanca und Max Euwe.

Und Capablanca war es schließlich auch, der Lasker 1921 zum WM-Kampf forderte. Lasker hatte damals auf seinen Weltmeistertitel verzichtet und Capablanca, der schon vor dem Krieg alle großen Meister außer Lasker selbst geschlagen hatte, als seinen Nachfolger bezeichnet. Der Kubaner wollte den Titel nicht geschenkt haben, aber erst nach langen Verhandlungen und durch die Zusage einer hohen Börse ließ sich Lasker dazu bewegen, zum Match anzutreten. Er spielte ohne rechte Überzeugung, litt auch sichtlich unter der Aprilwitterung in Kuba und verlor. Damit endete die längste Weltmeisterschaft der Schachgeschichte:

27 Jahre lang hatte Lasker den Titel innegehabt. Und – eine merkwürdige, aber nicht zum erstenmal zu beobachtende Übereinstimmung – zugleich endete mit dem Verlust der Weltgeltung Deutschlands und dem Zusammenbruch der Donaumonarchie auch die 1851 von Anderssen eingeleitete und von Steinitz und Lasker fortgesetzte „deutsch-österreichische Schachepoche“. Trotz einer großen Anzahl hervorragender Meister: einen deutschen oder österreichischen Weltmeister wird es bis heute nicht mehr geben.

Sechs Jahre lang, bis 1927, herrschte Capablanca, der in seiner gesamten Turnierpraxis nur 35 Partien verlor. Es war in diesen Jahren nicht klar, in wem man seinen Herausforderer und Nachfolger sehen sollte. Neben Aljechin kam Efim Bogoljubow in Betracht, der Sieger des Internationalen Turniers 1925 in Moskau, und ebenso der 1887 in Riga geborene Aaron Nimzowitsch, der nicht nur ein starker Spieler war – er schlug 1925 in Marienbad Aljechin und Rubinstein und belegte beim Dresdner Turnier 1926 mit Rubinstein den 1. Platz –, sondern ein noch größerer Theoretiker. Er leistete wesentliche Beiträge zur Entwicklung der Schachstrategie und war seiner Zeit so weit voraus, daß er von den wenigsten verstanden wurde.

Der WM-Kampf des Jahres 1927 brachte dann jedoch den Sieg Aljechins, und mit ihm begann die erstaunliche „Russische Epoche".

Auch das neuzeitliche Schachspiel hatte in Rußland bereits eine lange Tradition. Der Zarenhof und der Adel pflegten es intensiv seit spätestens dem 18. Jh., und das 19. Jh. hatte große Meister und Theoretiker wie von Petrow und von Jänisch hervorgebracht. Aljechin selbst war aus der Russischen Schachschule hervorgegangen, deren führender Kopf um 1900 Tschigorin gewesen war. Er mußte seinen Titel, den er zweimal gegen Bogoljubow verteidigt hatte, 1935 an den Holländer Max Euwe abtreten, eroberte ihn aber 1937 wieder zurück und behauptete ihn bis zu seinem Tode im Jahre 1946. Bis 1948 war der Thron des Weltmeisters vakant. Dann nahm ihn als Sieger eines vom Weltschachbund veranstalteten Großmeisterturniers Michail Botwinnik ein, der ihn 1957 an Smyslow abgeben mußte, 1958 zurückgewann, 1960 an Tal abtrat und 1961 wieder – nun zum drittenmal – eroberte. Der Weltmeister des Jahres 1963 hieß dann jedoch Tigran Petrosjan. Er wurde 1969 von Boris Spasski abgelöst.

Diese lange Siegesserie der sowjetischen Meister – und die große Zahl erstrangiger Spieler, die Rußland im selben Zeitraum neben den Weltmeistern vorweisen kann – ist zweifellos auf die besonderen Anstrengungen der Sowjetunion zurückzuführen, das Schachspiel zu fördern. Es war nach der Oktoberrevolution zunächst als „burschuj", als bürgerlich, verfemt worden, aber bald besann man sich eines Besseren, und schon 1920 fand eine „Allrussische Schacholympiade“ statt, deren Sieger übrigens Aljechin hieß. Danach erlahmte das Interesse ein wenig bis zum Moskauer Internationalen Turnier des Jahres 1925, in dem sich die russischen Meister mit Spielern wie Lasker, Capablanca und Réti maßen.

In den folgenden Jahren wurde systematisch eine Schachorganisation aufgebaut, die in keinem Land der Welt ihresgleichen hat. Es entstand eine regelrechte Sowjetische Schachschule, die neue Theorien und Spielpraktiken entwickelte. Das Schach gilt in der UdSSR als wichtiges Element des kulturellen Lebens. Der Meister kann sich, vom Staat unterstützt, ohne Existenzsorgen dem Schach widmen. Er genießt die gleiche Achtung wie der Künstler, ja er kann sogar den Titel „Verdienter Künstler der UdSSR“ erhalten.

Zugleich ist das Schachspiel Volkssport. Die verschiedenen Schachverbände zählen mehrere Millionen Mitglieder, die Schachliteratur findet weite Verbreitung, und gute Schachbücher werden zu Bestsellern. An den meisten Schulen ist Schach Wahlfach, und begabte Spieler werden staatlich gefördert. In mehreren Städten bestehen eigene Schachschulen, an denen in einem vierjährigen Studium Spieler und Schachlehrer ausgebildet werden. Eine wesentliche Rolle bei der Schulung der zukünftigen Meister spielen die ebenfalls vom Staat unterhaltenen Schachtrainer.

Eine so gründliche Auslese und Schulung des Nachwuchses muß zwangsläufig Früchte tragen, und sie würde, wie Botwinnik schon vor Jahren sagte, in anderen Ländern sicherlich die gleichen guten Ergebnisse zeitigen. Die Anschauung, daß die Leistungen der Russen im Schach mit der „slawischen Mentalität“ zusammenhingen – und daher nicht nachahmbar seien –, muß jedenfalls ein wenig zweifelhaft erscheinen. Viele russische Meister und Meisterinnen sind keine Slawen. Keres war Este, Tal ist Lette, Petrosjan Georgier, und Namen wie Dschindschichaschwili und Gaprindaschwili weisen ebenfalls nach Georgien. Andere entstammen dem jüdischen Milieu wie so viele Meister im Westen.

Für die intensive Förderung des Schachs in der Sowjetunion haben manche eine Erklärung bereit, die sich kurz so zusammenfassen läßt: Wer jederzeit einen König attackieren und mattsetzen darf, erliegt weniger leicht der Versuchung, dasselbe mit dem Vorsitzenden des Präsidiums des Obersten Sowjets tun zu wollen. Das Schachspiel wäre demnach ein Mittel, Aggressivität in unschädliche Bahnen abzulenken – eine Theorie, die ohne praktische Nutzanwendung auf die Sowjetunion von vielen Psychologen vertreten wird. Lenin allerdings, selbst

ein starker Spieler, befürwortete das Schach nicht nur, sondern warnte auch davor, unter anderem weil er ebendieses Problem von der anderen Seite sah und meinte, die strategische und die taktische Theorie des Schachs könnten studiert werden als Methode, eine bessere Form des „Königsmordes“ zu finden. (Und der Dichter Majakowski sagte, für Lenin sei das Schachspiel die Schule der Strategie gewesen.)

Die russische Weltmachtstellung im Schach darf freilich das rege Schachleben in anderen Ländern seit dem 2. Weltkrieg nicht vergessen lassen, dem vor der Schilderung der letzten beiden WM-Kämpfe ein kurzer Überblick gewidmet werden soll.

In Deutschland, das heißt auf dem Boden der Bundesrepublik (denn die Spaltung macht sich auch auf dem Gebiet des Schachs bemerkbar) begann bereits Anfang 1946 der Meister und Schachschriftsteller Alfred Brinckmann eine neue Schachorganisation aufzubauen. Nach der Gründung einer „Arbeitsgemeinschaft deutscher Schachverbände“ (1946) und einer Reihe von nationalen Turnieren wurde 1947 der erste Kongreß mit einer deutschen Meisterschaft veranstaltet, und 1950 wurde der ursprünglich schon 1877 ins Leben gerufene Deutsche Schachbund (DSB) neu gegründet, der noch in demselben Jahr wieder in den Weltschachbund aufgenommen wurde.

International trat Deutschland wieder bei der ersten Schacholympiade nach dem Krieg in Erscheinung, die ebenfalls 1950 in Dubrovnik ausgetragen wurde und auf der die deutsche Mannschaft den 3. Platz belegen konnte. Der DSB, der 1976 rund 2000 Vereine umfaßte und 54 204 Mitglieder zählte, bemühte sich nicht nur um die intensive Förderung des Schachs im Inland, sondern auch um eine aktive Teilnahme am Schachleben der Welt durch die Ausrichtung internationaler Veranstaltungen: Europazonenturnier 1951 in Bad Pyrmont und 1954 in München, XIII. Schacholympiade 1958, ebenfalls in München, Europa-Mannschaftsmeisterschaften 1961 in Oberhausen, Claire-Benedict-Turniere 1966 und 1968, XIX. Schacholympiade 1970 in Siegen und dazu zahlreiche Länderkämpfe.

Die folgende knappe Aufzählung soll eine Vorstellung von der Geltung der deutschen Spieler vermitteln. Die BRD stellt heute die Großmeister Darga, Hecht, Hübner, Pachmann (seit 1972 in der BRD und Mitglied der Nationalmannschaft), Pfleger, Lothar Schmid und Unzicker, die Internationalen Meisterinnen Helga Axt und Friedl Rinder und die Internationalen Meister Capelan, Dueball, Gerusel, Gilg, Heinicke, Kestler, Lehmann, Mohrlock, Pfeiffer, Rellstab und Teschner. Deutsche Sieger bei den wichtigsten internationalen Turnieren waren in letzter Zeit Lothar Schmid (1964 Wilderness, 1970, 1973 Mar del Plata), Wolfgang Unzicker (1965 Sotschi mit Spasski und 1967 Krems), Robert Hübner (1968 Büsum), Hans-Joachim Hecht (1971 Olot) und Helmut Pfleger (1973 Montilla mit Kavalek). Bei den Schacholympiaden konnten die deutschen Mannschaften nach Dubrovnik einen weiteren 3. Platz 1964 in Tel Aviv und 5. Plätze in Amsterdam (1954), Moskau (1956), Lugano (1968), Skopje (1972) und Haifa (1976) belegen. Bei den übrigen Olympiaden lagen sie auf den Plätzen 6 bis 8, und 1978 in Buenos Aires erkämpfte sich die Mannschaft der BRD den 4. Platz hinter Ungarn, der UdSSR und den USA.

In der DDR sind die Schachspieler im Deutschen Schachverband (DSV) mit rund 35 000 Mitgliedern vereinigt. Er stellt zur Zeit 6 Großmeister, 4 Internationale Meisterinnen und 8 Internationale Meister. Als Sieger bei internationalen Turnieren zeichnete sich vor allem der 1935 geborene Großmeister Wolfgang Uhlmann aus. Im Gegensatz zu den Meistern der BRD, von der man sagt, daß sie die beste Amateurmannschaft habe, ist Uhlmann Berufsspieler.

Die Schachspieler Österreichs sind im Österreichischen Schachbund unter der Führung von Bundesspielleiter Frau Gertrude Wagner organisiert. Der namhafteste Vertreter des österreichischen Schachlebens ist der aus Klagenfurt stammende Botaniker und Psychologe Karl Robatsch (geb. 1928), hauptberuflich Angestellter der Österreichischen Draukraftwerke. Robatsch, Großmeister seit 1960, ist seit 1954 Vorkämpfer der österreichischen Nationalmannschaft auf allen Olympiaden und erzielte eine Reihe guter und hervorragender Turniererfolge. So belegte er 1961 in Madrid den 1.-2. Platz mit Milic. Auf der Olympiade 1978 in Buenos Aires erreichte er unter 66 Spielern am ersten Brett weit vor Spasski einen ausgezeichneten 7. Platz, und um ein Haar hätte er den WM-Finalisten Kortschnoj geschlagen, der sich zuletzt noch in ein Remis rettete.

Robatsch bereicherte die Spielpraxis durch zwei Systeme, die Robatsch-Eröffnung (Spielbeginn mit g2–g3) und die Robatsch-Verteidigung (g7–g6), deren Spielbarkeit er in Partien gegen Meister wie Bronstein, Unzicker, Geller, Smyslow etc. bewies. Neben Robatsch sind vor allem noch die Internationalen Meister Dr. Andreas Dückstein, der seit 1956 auf nahezu allen Olympiaden am 1. oder 2. Brett der österreichischen Mannschaft spielte, und Alfred Beni zu nennen.

Der Schweizerische Schachverband besteht seit 1889, er zählt heute rund 5000 Mitglieder, und die 1809 gegründete Züricher Schachgesellschaft ist

einer der ältesten Schachvereine der Welt. Schon seit 1889 werden regelmäßig Landesmeisterschaften ausgetragen. Alljährlich wird der Coupe Suisse veranstaltet, und die Schachgesellschaft Biel/Bienne organisiert jährlich, ähnlich wie die Berner Schachgesellschaft, ein offenes Turnier. Nach dem 2. Weltkrieg stellte die Schweiz die Internationalen Meister Henry Grob, Martin Christoffel, Max Blau, Hans John, Josef Kupper, Edwin Bhend, Dieter Keller und den 1952 geborenen Werner Hug, der 1971 Jugendweltmeister wurde und seither als der stärkste Spieler der Schweiz gilt.

Eine Bestandsaufnahme des gegenwärtigen Schachlebens jenseits der Grenzen des deutschen Sprachraums zeigt ein überraschendes Bild. Spanien, Italien und Frankreich waren zu Beginn der Neuzeit nacheinander die großen Schachnationen gewesen. Welche Rolle spielen diese Länder heute? Die FIDE-Liste der Großmeister und Internationalen Meister liefert einige – statistische, wennschon nicht unbedingt qualitative – Anhaltspunkte:

Italien ist mit insgesamt neun Namen vertreten und Spanien mit acht. Diese beiden Länder liegen somit hinter Kuba (14 Vertreter – Capablanca!), Kanada (12 Vertreter) und Israel (11 Vertreter). Frankreich, das Land Philidors, hat eine Internationale Meisterin, die 1919 geborene Chantal Chaudé de Silans, aufzuweisen und nimmt damit denselben Rang ein wie Neuseeland oder Bolivien. Am oberen Ende der Liste steht als alle anderen überragender Gigant die Sowjetunion mit 100 Großmeistern und Internationalen Meistern beiderlei Geschlechts, und mit 69 Namen ist Jugoslawien vertreten. Es folgen Ungarn mit 36, die USA mit 31 und Argentinien mit 23 Namen. Argentinien verdankt seinen hohen Rang dem Umstand, daß bei Ausbruch des 2. Weltkriegs gerade eine Schacholympiade in Buenos Aires stattfand und daß die Mannschaft des „Großdeutschen Schachbundes", die jüdischen Meister aus Polen und einige andere das argentinische Exil der Heimkehr vorzogen.

Der Vergleich läßt nicht nur die Verlagerung der Schwerpunkte erkennen, sondern auch die Tatsache, daß die Größe des „Nachwuchsreservoirs"

offensichtlich keine Rolle spielt. Die USA dürften sonst nicht hinter Ungarn rangieren. Der erstaunliche 3. Platz Ungarns erklärt sich freilich zum Teil aus einer alten Tradition. Schon in der ersten Hälfte des 19. Jhs. machte die Budapester Schule, deren wichtigste Repräsentanten Löwenthal, Erkel, Szén und Grimm waren, Schachgeschichte. Im übrigen verdankt Ungarn seine Stellung wie die anderen Ostblockländer der intensiven staatlichen Förderung des Schachs.

Die Vereinigten Staaten wurden bisher bei dieser historischen Rückschau ausgeklammert, aber auch sie haben eine vergleichsweise lange Schachtradition vorzuweisen. Benjamin Franklin schrieb 1787 seine *Morals of Chess*, eine Art „Knigge" für Schachspieler. In der ersten Hälfte des 19. Jhs. wurden in vielen Städten Schachklubs gegründet. Der erste amerikanische Schachkongreß fand 1857 statt, und bei diesem Kongreß fiel der junge Paul Morphy auf, der ein Jahr später Anderssen besiegen sollte.

Der nächste große Amerikaner, der in der Welt von sich reden machte, war Harry Nelson Pillsbury (1872–1906). Er galt um die Jahrhundertwende als einer der stärksten Spieler. Bei seinem ersten internationalen Turnier (1895 in Hastings) schlug er unter anderen den Weltmeister Lasker, Tarrasch, Steinitz und Tschigorin. In unserem Jahrhundert stellten die USA eine Reihe erstrangiger Spieler wie Samuel Reshevsky, der lange zu den WM-Kandidaten zählte und sich 1948 um die Nachfolge Aljechins mitbewarb, Frank James Marshall, Reuben Fine oder Arthur Bisguier, und in der jüngsten Generation drängen Großmeister wie W. S. Browne (geb. 1949), J. E. Tarjan (geb. 1952) oder K. S. Rogoff (geb. 1953) nach oben.

Einer von ihnen zählt bereits zu den Größten der Schachgeschichte. Im Jahre 1958 belegte ein fünfzehnjähriger Amerikaner den 5. Platz im Interzonenturnier in Portorož und wurde damit zum jüngsten Großmeister, den es je gegeben hatte: Robert James (genannt Bobby) Fischer. Er war mit 14 Jahren bereits US-Meister geworden. In einer Reihe von nationalen und internationalen Turnieren, Interzonen- und Kandidatenturnieren überraschte er die Schachwelt ebensosehr durch sein überragendes Können wie durch seinen Eigensinn, seine Kompromißlosigkeit, seine Starallüren und seine hohen finanziellen Forderungen. Als Herausforderer des seit 1969 amtierenden Weltmeisters Spasski qualifizierte er sich in einem sensationellen Kandidatenturnier, in dem er Taimanow und Larsen mit 6:0 und Petrosjan mit 6½:2½ schlug.

Der 1972 in Reykjavik ausgetragene WM-Kampf wurde zum „Wettkampf des Jahrhunderts" erklärt. Er entpuppte sich als ein Nervenkrieg, ein Schachzirkus. Nachdem Fischer in finanzieller und anderer Hinsicht noch nie dagewesene Forderungen gestellt und durchgesetzt hatte, setzte er sich endlich ans Brett und verlor die erste Partie durch einen lächerlichen Fehler. Zur zweiten Partie

erschien er nicht, so daß sie an Spasski ging. Fischer wollte beim Stand von 2:0 für Spasski abreisen. Er wurde von der Turnierleitung und dem Schiedsrichter, dem deutschen Großmeister Lothar Schmid, zum Weiterspiel überredet – und gewann den WM-Kampf.

Im Jahre 1975 verzichtete Fischer darauf, seinen Titel zu verteidigen. Darauf erhielt ihn kampflos der 24jährige Russe Anatolij („Tolja") Karpow zugesprochen, der in den Kandidatenturnieren 1974 Polugajewski und Spasski und schließlich – mit 3:2 bei 19(!) Remisen – Viktor Kortschnoj geschlagen hatte. Diese Lösung war nach den Bestimmungen der FIDE korrekt, aber sie befriedigte niemanden, und vor allem bedauerte man den Rückzug Fischers aus dem Schachleben.

Immerhin konnte man es als einen Akt ausgleichender Gerechtigkeit betrachten, daß als Herausforderer Karpows für die WM 1978 Kortschnoj aus den Kandidatenwettkämpfen hervorging, der 1974 eine so knappe Niederlage erlitten hatte. Es zeigte sich jedoch bald, daß in Baguio City auf den Philippinen nicht der „sanfte Tolja" gegen seinen alten Freund, den „schrecklichen Viktor", den Titel verteidigen sollte, sondern die Sowjetunion gegen den Abtrünnigen, den „Vaterlandsverräter". Kortschnoj war 1976 nach einem Turnier in Amsterdam nicht in die UdSSR zurückgekehrt, und die TASS ließ damals verlauten: „Er ist ein eitler alter Mann, der gegen Sowjetspieler keine Chance mehr hat und in den Westen ging, wo er noch schlagbare Gegner findet."

Kortschnoj schlug im Kandidatenturnier 1977 Petrosjan (die beiden traten einander unter dem Tisch gegen die Schienbeine, bis zwischen ihnen eine Holzplatte angebracht wurde), er schlug Polugajewski und er schlug Spasski, der immer nur auf der Bühne erschien, wenn er am Zug war, worauf Kortschnoj behauptete, er wolle sich nicht den „Strahlen“ aussetzen, die die Sowjets gegen ihn, Kortschnoj, anwandten. Und Kortschnoj sprach von Hypnose und Telepathie.

Man war auf einiges gefaßt, als Mitte Juli die WM 1978 begann, und man wurde nicht enttäuscht. Das Team Karpows ließ den aus der Schweiz eingeflogenen Teakholz-Sessel Kortschnojs im Krankenhaus von Baguio röntgen. Kortschnoj bewaffnete sich mit einem Geigerzähler und einer Spiegelglasbrille gegen den „stechenden“ Blick Karpows. Er fühlte sich hypnotisiert von einem Begleiter Karpows, dem Psychologen Dr. Wladimir Zuckar, der in den ersten Zuschauerreihen saß, und drohte, ihm „den Schädel einzuschlagen“. Oberschiedsrichter Lothar Schmid hatte den „Hypnotiseur“ kaum in die siebente Reihe gesetzt, als er sich mit einem neuen Protest aus dem Lager Kortschnojs befassen mußte: Karpow ließ sich bei jeder Partie einen Becher Kefir mit verschiedenen Früchten und daher Farben servieren. Man argwöhnte geheime Signale von den Trainern. Kortschnoj behauptete, in Karpows Gefolge befänden sich Agenten, und er attackierte den Moskauer Teamchef Baturinski, den er wegen dessen politischer Vergangenheit „aufge-

hängt, gestreckt und gevierteilt“ sehen wollte. Von der 5. Partie an verzichteten die Gegner auf Gruß und Händedruck.

Was bei alledem auf dem Brett geschah, war weit weniger aufregend. „Dauert Schach-WM bis Weihnachten?“ lauteten die Schlagzeilen in den Zeitungen, als die Partien immer wieder unentschieden endeten. Tatsächlich waren die vielen Remisen nichts gar so Ungewöhnliches. Aljechin hatte 1927 gegen Capablanca mit 6:3 bei nicht weniger als 25 Remispartien gewonnen. Was die Experten und das Gros der Schachenthusiasten enttäuschte, war die Glanzlosigkeit dieses WM-Kampfes. Es gab einige kleine Überraschungen und Pointen für den Feinschmecker, aber im großen und ganzen ließ ein vorsichtig und selbst nicht immer fehlerfrei spielender Karpow einen „patzenden“ Kortschnoj ins eigene Messer rennen. Einen der Züge Kortschnojs kommentierte Robatsch mit den Worten: „Das war geradezu Wahnsinn. Mir ist keine Großmeisterpartie bekannt, in der Schwarz so etwas gemacht hat.“ Und zum 55. Zug der 5. Partie (die mit 124 Zügen die längste je bei einer WM gespielte war) stellte Luděk Pachmann fest, daß „ein ähnlich grober Fehler“ zum letztenmal 1892, in dem WM-Kampf Steinitz gegen Tschigorin, zu sehen gewesen sei.

Dennoch konnte Karpow nur einen knappen Sieg verbuchen. Kortschnoj, der schon vor Baguio erklärt hatte, er werde „im zweiten Teil seine Überlegenheit demonstrieren“, holte tatsächlich nach einem 2:5-Rückstand auf, dann wurde jedoch die 32. Partie in hoffnungsloser Stellung für den Herausforderer abgebrochen, und am nächsten Morgen, dem 18. Oktober, während Karpow noch schlief, gab Kortschnoj die Partie verloren. Das Spielprotokoll unterzeichnete er jedoch nicht, weil Karpow, wie er sagte, nur auf Grund von „illegalen Tricks“ und „unerträglichen Bedingungen“ gewonnen hatte. Er nannte seinen Gegner noch einen „Papierchampion“, und so fand „die langweiligste WM, die je durchlitten wurde“ (FAZ), ihren Abschluß.

Mit diesem Mißklang endet vorläufig die Geschichte der Schachweltmeisterschaften – nicht die des Schachs, und es wird Zeit, sich darauf zu besinnen, daß die großen Meister lediglich die berühmten Exponenten, nicht aber das Schach selbst sind, das „längst vergangen sein müßte, wenn es nicht seine Bestimmung wäre, ewig zu dauern“, wie der englische Meister H. E. Bird schrieb.

Aus dem alten Kampfspiel der Inder wurde ein moderner Kampfsport, der in immer höherem Maße die breite Öffentlichkeit interessiert, und der Schachsport ist mit seinen Vereinen und Verbänden, mit seinen Turnieren, Länderkämpfen, Olympiaden und Weltmeisterschaften ebenso gut organisiert wie jeder andere Sport. Das hat seine Vorteile, etwa im Hinblick auf die Ausbildung und Förderung des Nachwuchses, und es hat seine Nachteile. Es sind dieselben, die man in jeder anderen Sportart kennt.

Der organisierte Sportler kämpft nicht mehr nur für sich allein. Er kämpft für seinen Verein, seinen Verband, seine Nation. Er hat nicht mehr die Freiheit zu verlieren, denn seine Niederlage wird zum nationalen Unglück aufgebauscht (wenngleich dies für das Schach noch nicht in vollem Maße oder jedenfalls nicht überall zutrifft). Er hat nicht einmal mehr die Freiheit, fair zu kämpfen. Er muß siegen um jeden Preis und hat, wie der Fall Kortschnoj zeigt, seinen Gegner zu hassen, wenn es die Politik so will. Der Sport um seiner selbst willen, seine ideelle Seite, wird dem Leistungszwang untergeordnet, und wo an der Grenze der menschlichen Leistungsfähigkeit – im buchstäblichen oder übertragenen Sinne – um Hundertstelsekunden gerungen wird, entscheidet nicht mehr das Können, sondern die Kondition.

Für das Schachspiel bedeutet das, daß sich ein Trend verstärken wird, der schon seit langem zu beobachten ist: Die hervorragendsten Köpfe, die großen Theoretiker und Denker, die für die Weiterentwicklung und Vertiefung des Schachs die bedeutendsten Beiträge leisten, nehmen nicht notwendigerweise auch immer den höchsten offiziellen Rang – den des Weltmeisters – ein. (Oder sie können ihn, wie Max Euwe, nur kurze Zeit halten.) Zum Weltmeister prädestiniert sind im Ausnahme-

fall die genialen Außenseiter, die Besessenen wie Fischer, und im Regelfall die Männer mit den eisernen Nerven, der hervorragenden Kondition und dem „rationellen Spiel" (und den tüchtigen Trainern), die klugen Praktiker wie Karpow. Und zweifellos wäre dem Höchstleistungsschach am besten gedient, wenn der nächste Herausforderer Karpows Fischer hieße.

Einstweilen aber und in aller Zukunft ist die eigentliche Schachwelt nicht die so überdeutlich sichtbare höchste Prominenz, die der Welt oft ein wenig erbauliches Spektakel liefert, sondern die Unzahl der mehr oder minder berühmten oder gänzlich unbekannten Spieler, die sich, organisiert oder privat, dem Schach widmen, seine Gesetze und seine Schönheit ständig neu entdecken und in Theorie und Praxis unaufhörlich Neues suchen.

Die künftige Geschichte des Schachs wird von jungen Menschen geschrieben werden, die sich heute zum erstenmal an ein Brett setzen. Und ihre Aufgabe wird es sein, dem „Königlichen Spiel" den Charakter des Königlichen zu bewahren und dafür Sorge zu tragen, daß das Schachspiel in aller Zukunft bleibt, was es zu seinen besten Zeiten gewesen ist: ein faires, geistiges Kräftemessen, das sich über alle Grenzen und über alle Wechselfälle der Tagespolitik hinwegsetzt im Sinne der vom Weltschachbund aufgestellten Devise: *Una gens sumus.*

Nützliches und kurioses Schach-Alphabet

A

Aberglaube

Die Tücke des Alphabets will es, daß die Stichwortsammlung ausgerechnet mit einem Begriff beginnen muß, den man im Vokabular des Schachspielers nicht vermutet. Was kann das Schach, ein reines Denkspiel, das ohne den Beistand Fortunas auskommt, mit Aberglauben zu tun haben?

Theorie und Praxis sind wieder einmal zweierlei. Selbstverständlich spielt das Glück nicht die geringste Rolle. Nicht ihm verdankt man den Sieg, sondern der Intelligenz und dem überlegenen Können. Doch wer verliert, hat offensichtlich Pech gehabt – wie wäre die Niederlage sonst zu erklä-

ren? – und gegen Pech helfen nur Mächte jenseits der Schulweisheit und Vernunft.

Emanuel Lasker beispielsweise, Mathematiker, ein Ausbund von Logik und Autor eines Buches mit dem Titel „Gesunder Menschenverstand im Schach“, glaubte sich gegen jegliches Pech gefeit, solange seine Frau im Turniersaal anwesend war. Als sie einmal auf die Versicherung hin, daß die Partie für ihren Mann so gut wie gewonnen sei, den Saal verließ, beging er im nächsten Augenblick auch schon einen unerklärlichen Fehler und verlor. Aljechin erschien nicht selten mit einer Siamkatze als Glücksbringerin am Schachbrett, und dem russischen Exweltmeister Michail Tal unterstellten schon einige besiegte Meister, er besitze magische Kräfte.

Manche Schachspieler leiden in entscheidenden Augenblicken bei schwerer Denkarbeit unter der Befürchtung, der Gegner könnte auf telepathischem Wege ihre Gedanken erraten und ihre Absichten durchschauen. Aber hier stehen wir nur noch mit einem Bein im Aberglauben und mit dem andern schon in der Parapsychologie.

✦

Der Abtausch

ist ein Manöver, bei dem beide Spieler Material von gleichem Wert erobern, beziehungsweise verlieren, das heißt einen Bauern gegen einen Bauern, einen Läufer gegen einen Läufer oder Springer etc. eintauschen. Entscheidend ist die Gleichwertigkeit der Steine, so daß in unmittelbarer materieller Hinsicht weder Gewinn noch Verlust entsteht.

Wenn der Sinn des Abtauschs unter anderem auch darin liegt, Linien oder Diagonale zu öffnen, also Raum frei zu machen, so sollte sich der Anfänger doch davor hüten, durch ein kräftiges „Abholzen“ erst einmal Platz auf dem Brett zu schaffen, weil er glaubt, mit reduziertem Material leichter spielen zu können.

✦

Abzugsschach

Auch aufgedecktes Schach genannt: Es entsteht, wenn ein Stein, der selbst den gegnerischen König nicht bedroht oder „angreift“, abzieht und so einer Figur seiner Farbe Schach zu bieten gestattet. Man stelle sich beispielsweise einen Bauern vor, der schräg schlägt und dadurch einem seiner bereits auf den feindlichen König zielenden Türme die Linie freimacht oder ihn, wie der Fachausdruck lautet, „demaskiert“.

Eine Sonderform des Abzugsschachs ergibt sich, wenn die abziehende Figur ihrerseits ebenfalls Schach bietet. Man spricht in diesem Falle von einem Doppelschach.

✦

Aljechin

„Mag Aljechin auch ein Konterrevolutionär sein, er ist ein großes Schachgenie. Diese Begabung kann sich nur außerhalb Rußlands entfalten.“ Mit diesen Worten erteilte 1921 der Volkskommissar Radek dem Aristokratensprößling und ehemaligen zaristischen Offizier die Genehmigung zur Ausreise aus der Sowjetunion.

Alexander Alexandrowitsch Aljechin wurde am 1. Januar 1892 in Moskau geboren. Mit sieben Jahren spielte er Schach im Kreise der Familie, mit

zehn Jahren spielte er Fernschachpartien, mit sechzehn gewann er sein erstes Turnier. Nach weiteren Turniersiegen – er galt nunmehr schon als der hervorragendste Vertreter der Russischen Schachschule – wurde er beim großen Petersburger Turnier des Jahres 1914 Dritter hinter Lasker und Capablanca und erhielt vom Zaren den Titel eines Großmeisters. Lasker war damals Weltmeister, aber Aljechin blickte in die Zukunft und erklärte, er werde eines Tages gegen Capablanca um die Weltmeisterschaft kämpfen. Dreizehn Jahre später war es so weit. „Der höchste Traum meines Lebens ist Wirklichkeit geworden!" rief er, als Capablanca nach dem längsten WM-Kampf der Schachgeschichte die 34. Partie aufgab.

Schon 1925, nach dem Sieg Aljechins im Turnier zu Baden-Baden, hatte Tartakower geschrieben: „Capablanca ist Weltmeister, Lasker war Weltmeister, Aljechin spielte, wie ein Weltmeister spielen sollte."

Aljechin war ein Besessener, er sah im Schach eine Kunst, der er sein ganzes Leben und seinen Beruf (er hatte zunächst Jura studiert und 1925 an der Sorbonne promoviert) aufopferte, und er war ebenso fleißig wie genial. Er bereitete sich auf jede

Partie sorgfältig vor und studierte den Stil und den Charakter seines Gegners. Man kennt von ihm keine Partie, die er durch einen groben Fehler verloren hätte. Sein Spiel war kompliziert, verwegen, voll neuer Einfälle, vor allem in der Eröffnung. Bobby Fischer sprach später von „schockierenden, noch nie dagewesenen Ideen" und von „gigantischen Konzeptionen". Viele seiner Partien sind – als die Kunstwerke, die er selbst in ihnen gesehen hatte – in die Schachgeschichte eingegangen, und seine Schachbücher und Partiekommentare zählen zu den besten, die je geschrieben wurden.

Aber Aljechin war ein innerlich zerrissener Mensch, eine Kämpfernatur mit einem Hang zur Selbstzerstörung. Er konnte arrogant und herrschsüchtig sein, gelegentlich auch gewalttätig – im übertragenen Sinne, d. h. auf dem Schachbrett, und im buchstäblichen: nach einer verlorenen Partie zertrümmerte er einmal die Einrichtung seines Hotelzimmers. Oft versuchte er, seine Gegner aus der Fassung zu bringen, indem er während der Partie laut schmatzend aß oder ihnen Rauch in die Augen blies. Er untergrub seine Gesundheit durch alkoholische Exzesse – bei einem Wettkampf war er einmal so betrunken, daß er auf das Brett urinierte –, er war Kettenraucher und ein leidenschaftlicher Frauenverehrer: er war viermal verheiratet und galt als großer Verführer.

Doch nachdem er 1935 den Weltmeistertitel an Max Euwe verloren hatte, zeigte er, zu welcher Selbstdisziplin er fähig war: Er entsagte zwei Jahre lang dem Alkohol und den Zigaretten, lebte – mit einer eigenen Kuh – auf dem Lande und bereitete sich intensiv auf den Revanchekampf vor. Und holte sich 1937 den Titel mit einem eindrucksvollen 10:4 wieder zurück.

Aljechin, der seit 1925 französischer Staatsbürger war, lebte und spielte während des 2. Weltkriegs in Deutschland. Nach Kriegsende warf man ihm Kollaboration vor. Er wurde heftig angegriffen und floh nach Portugal. Zu einem schon vor dem Krieg geplanten Wettkampf gegen Botwinnik kam es nicht mehr. Er starb am 25. März 1946 in Lissabon – als amtierender Weltmeister. Die Umstände seines Todes sind ungeklärt und man spricht von Selbstmord. Er liegt auf dem Montparnasse-Friedhof in Paris begraben. Auf dem an seinem 10. Todestag von der FIDE errichteten Grabmal steht: *Alexandre Alekhine, Génie des Echecs de Russie et de France.*

✦

Anastasias Matt

nennt man eine Mattkombination, die von Autoren mit literarischen Neigungen noch heute in Schachbüchern zitiert wird. Ihr Schöpfer ist der zu Lebzeiten wegen seiner freizügigen Anschauungen umstrittene und seither zu Unrecht vergessene Wilhelm Heinse (1746–1803), der mit „Ardinghello und die glückseligen Inseln“ den ersten deutschen Künstlerroman und mit „Anastasia und das Schachspiel“ (1803) den ersten Schachroman schrieb.

Dieser Roman ist in Briefform gehalten. Im Mittelpunkt steht die schöne junge Griechin Anastasia, deren Bekanntschaft der Erzähler in Venedig macht und die sich zur unschlagbaren Schachspielerin entwickelt. Die Handlung tritt jedoch zurück hinter zahllosen Gesprächen, die der Belehrung Anastasias dienen und in denen der Autor seine Gedanken über Theorie und Praxis des Schachspiels darlegt. Das Erstaunliche ist, daß sich Heinse mit diesem Roman als *Schachautor* qualifiziert. Er kritisiert die Lehren Philidors und vergleicht sie mit denen der Schule von Modena, und er bemängelt an den Schachbüchern seiner Zeitgenossen die fehlende Systematik. Viele seiner Ideen wurden erst in einer viel späteren Zukunft wiederaufgenommen. Unter anderem war er von der Bedeutung einer guten Eröffnung überzeugt und forderte deren gründliches Studium und eine umfassende „Eröffnungsliteratur", wie sie erst das 20. Jahrhundert hervorbringen sollte.

Anderssen

Der 1818 geborene Adolph Anderssen war Professor der Mathematik am Friedrichs-Gymnasium in Breslau. Sein Beruf hinderte ihn daran, sich ganz dem Schach zu widmen, und er spielte auf vergleichsweise wenigen Turnieren. Durch die „Aufgaben für Schachspieler", eine Sammlung von Problemen, machte er 1842 zum erstenmal auf sich aufmerksam, und als Problemkomponist trug er auch später Wesentliches zum Kunstschach bei.

Als Staunton 1851 das erste große internationale Schachturnier organisierte, zu dem er die besten Spieler seiner Zeit einlud, schickte die Berliner Schachgesellschaft den noch weitgehend unbekannten Breslauer Mathematiker nach London. Sechzehn Teilnehmer spielten sechs Wochen lang unter heute undenkbaren Bedingungen. Anderssen berichtete seinen Berliner Schachfreunden: „Die Partien wurden auf niedrigen Tischen und Stühlen ausgetragen. Die zu kleinen Tische wurden von den Schachbrettern an den Seiten überragt. Neben den Spielern saßen Sekretäre, die alle Züge zu notieren hatten. Man hatte kein freies Plätzchen, um das sorgenvolle Haupt während des harten Kampfes zu stützen. Für den englischen Spieler ist allerdings

eine bequemere Einrichtung überflüssig. Kerzengerade sitzt er auf seinem Stuhle, steckt die Daumen in beide Westentaschen und sieht, bevor er zieht, eine halbe Stunde regungslos auf das Brett. Hundert Seufzer hat sein Gegner ausgestoßen, wenn er endlich seinen Zug ausführt." Williams brauchte einmal 2½ Stunden für einen Zug.

Anderssen gewann das Turnier zur allgemeinen Überraschung vor Wyvill, Williams und Staunton. Er galt somit als bester Spieler der Welt und inoffizieller Weltmeister. Als der junge Amerikaner Paul Morphy sieben Jahre später seinen Siegeszug durch Europa antrat, wartete Anderssen nicht erst auf eine Herausforderung. Er fuhr im Dezember 1858, in den Weihnachtsferien, nach Paris und stellte sich mangelhaft vorbereitet zum Kampf. Morphy schlug ihn mit 7:2 bei 2 Remisen. „Ich ärgere mich nicht, diesen Wettkampf verloren zu haben", sagte Anderssen, „denn der Mann spielte wie von einer anderen Welt." Nach dem Rückzug Morphys aus dem Schachleben sah man wieder in Anderssen den stärksten Spieler, und er konnte seinen Rang mit wechselndem Erfolg behaupten, bis er 1866 von Steinitz besiegt wurde.

Anderssen, ein jüngerer Zeitgenosse Heines und Mendelssohn-Bartholdys, ist der bedeutendste Vertreter der romantischen Richtung, die nicht nur dem Zeitgeist, sondern auch einem bestimmten Entwicklungsstand in der Geschichte des Schachs entsprach. Das Verteidigungsspiel war noch wenig erforscht, der gewagte Angriff hatte größere Aussicht auf Erfolg als heute. Ein ganzes Jahrhundert sollte noch vergehen, bis der „Verteidigungskünstler" Kortschnoj sagen konnte: „Die echten Kunstwerke des Schachspiels entstanden dort, wo der geistreiche Angriff auf eine erfinderische Verteidigung traf." Man berechnete noch keine langen Zugfolgen voraus, riskierte kühne, opferreiche Kombinationen, und die Partien verblüfften durch unerwartete Wendungen. Schach war mehr Kunst als Wissenschaft.

Beim Schachkongreß 1876 siegte Anderssen noch einmal vor Louis Paulsen und Zukertort, und dies war sein letzter Triumph. In einem anschließenden Wettkampf unterlag er Paulsen. Auf dem Schachkongreß 1877 wurde Anderssen, der sein 50. Schachjubiläum feierte, hoch geehrt. Es gelang ihm noch einmal, punktegleich mit Paulsen den ersten Platz zu belegen, aber dann wurde er von Paulsen im Stichkampf geschlagen. Er starb 1879.

✦

Der Anzug

ist der erste Zug einer Partie. Da Weiß beginnt, ist der Führer der weißen Steine der Anziehende, und er befindet sich im Anzugsvorteil, das heißt, er ist seinem Gegner immer um einen Zug voraus. Der Führer der schwarzen Steine ist sinngemäß der Nachziehende.

Wie groß ist der Anzugsvorteil tatsächlich? Er ist offensichtlich unbedeutend bei schwachen Spielern, die ihre Partien ohnehin nur mit vielen Fehl- und Rückzügen durchstehen, macht sich aber bemerkbar bei starken und vor allem gleich starken Spielern, und Schwarz kann bei ungenauem Spiel in der Eröffnung leicht ins Hintertreffen geraten.

✦

Das Aufgeben

Der Spieler, der angesichts der materiellen Überlegenheit oder des Stellungsvorteils des Gegners keine Siegeschancen mehr sieht, gibt die Partie auf, das heißt, er erklärt sich für geschlagen, meistens indem er den Überlegenen mit einem Händedruck beglückwünscht. Im allgemeinen ist es fairer und – insofern als es von Einsicht und Schachverstand zeugt – klüger, eine sichtlich verlorene Partie aufzugeben, als verbissen weiterzuspielen und auf einen groben Fehler des Gegners zu hoffen, durch den sich das Blatt noch wenden oder ein Remis, etwa durch Patt, herbeigeführt werden könnte.

„Hier hat N. N. eine günstige Gelegenheit versäumt, die Partie aufzugeben", meinte Tartakower einmal sarkastisch.

Eine andere Ansicht vertrat allerdings Leo Tolstoj, der ein Schüler des Fürsten Sergej Urussow, eines anerkannten Schachmeisters und -theoretikers, und selbst ein beachtenswerter Spieler war. Wie die folgende Bemerkung zeigt, hielt er nichts davon, eine Partie vorzeitig aufzugeben: „Ein Selbstmörder gleicht einem Schachspieler, der die Figuren umwirft und aufgibt, anstatt mit doppelter Aufmerksamkeit weiterzuspielen."

✦

Automaten

Der künstliche Mensch, die Puppe, der ein komplizierter Mechanismus ein Scheinleben verlieh, war eines der Lieblingsspielzeuge des 18. und frühen 19. Jhs., und in der von zahllosen Erfindern und Bastlern geschaffenen gespenstisch-skurrilen Welt der tanzenden, musizierenden, schreibenden und allerlei Arbeiten verrichtenden Puppen durfte eine Schach spielende nicht fehlen.

Der Hofrat Wolfgang von Kempelen, Sekretär der Ungarischen Hofkammer, der sich bereits durch einige Erfindungen vom Dampfkran bis zur sprechenden Puppe ausgezeichnet hatte, konstruierte sie schließlich und führte sie 1770 Maria Theresia vor. Sie hatte die Gestalt eines exotisch gekleideten Türken, der, einen langen Tschibuk in der Hand, vor einem großen Kasten mit einem Schachbrett saß. Das Unglaubliche an diesem „Schachtürken" war, daß er augenscheinlich selbständig Schach spielte und Meister bezwang – angetrieben von einem überaus komplizierten Mechanismus, dessen Federn, Zahnräder, Hebel, Stangen und Walzen Kempelen bei geöffnetem Kasten bereitwillig demonstrierte.

Kempelen bereiste mit seinem Türken die Höfe und Hauptstädte Europas, und Katharina die Große spielte ebenso erfolglos gegen den Automaten wie später, nach Kempelens Tod, Napoleon

in Schönbrunn. Wann das Geheimnis des Schachtürken enthüllt wurde, läßt sich nicht mehr genau feststellen, aber was für die Zeitgenossen eine vage, unbestätigte Vermutung bleiben mußte, ist für unser heutiges Verständnis von den begrenzten Möglichkeiten rein mechanischer Apparaturen eine Selbstverständlichkeit: Im Kasten verbarg sich ein Schachspieler von kleiner Statur – in einem Raum, der durch ein System von Fächern und Spiegeln kaschiert war und eine genial durchdachte Anlage enthielt, die es dem Spieler ermöglichte, die Vorgänge auf dem Brett zu verfolgen und den Türken mit dem linken Arm Züge ausführen zu lassen. Mehr als zehn vorzügliche Spieler, darunter der französische Meister Mouret, verbargen sich in den rund 70 Jahren, die die Karriere des Türken dauerte, im Kasten.

Der Automat kam 1826 nach New York, und zuletzt wurde er in einem Kuriositätenkabinett in

Philadelphia ausgestellt, wo er 1854, ein halbes Jahrhundert nach dem Tode seines Erfinders, verbrannte.

Kempelen fand selbstverständlich Nachahmer. Der Engländer C. A. Hopper führte 1868 einen Schachautomaten vor, den er „Ajeeb“ nannte. Von 1898 bis 1904 verbarg sich in ihm oft der amerikanische Großmeister Harry Nelson Pillsbury, der damals einer der stärksten Spieler der Welt und im übrigen imstande war, gleichzeitig bis zu 22 Partien blind zu spielen. Ungefähr um dieselbe Zeit baute der Engländer C. C. Gumpel den Schachautomaten „Mephisto“, den der englische Meister Isidor Gunsberg „bediente“.

Die Zeit dieser mechanischen Spielereien und Betrügereien ist längst vorbei. Wir bauen „ehrliche“ Schachcomputer, aber wir suchen auf anderen – elektronischen – Wegen dasselbe wie die fortschrittsgläubigen Zeitgenossen Kempelens: das künstliche Gehirn.

Die Bauern

Sie waren von alters her das Fußvolk auf dem Schachbrett und machten zwar kleine Veränderungen in bezug auf ihre Gangart, aber keine eigentliche Entwicklung durch. Anfänger begehen oft den Fehler, die Bauern gering zu schätzen und als Kanonenfutter in die Schlacht zu werfen, so daß ihre Partien mit einem Bauerngemetzel beginnen. Tatsächlich ist der Bauer ein wertvoller Stein, und ihn richtig zu führen und seine Möglichkeiten voll auszunutzen, erfordert Studium und Erfahrung.

Der Bauer rückt immer nur ein Feld geradeaus weiter. Aus der Grundstellung darf er einen Doppelschritt machen. Er kann weder seitwärts noch rückwärts gehen, und im Gegensatz zu allen anderen Steinen schlägt er nicht, wie er zieht, sondern schräg nach vorn. Ein Bauer, der sich der letzten

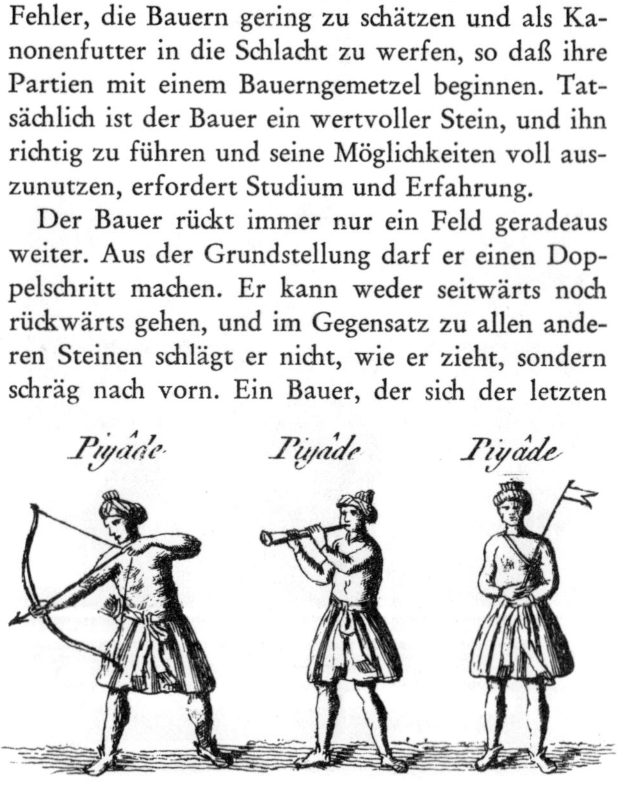

Reihe, der Grundreihe des Gegners, nähert und nicht mehr aufgehalten werden kann, heißt Freibauer. Auf der letzten Reihe angekommen, verwandelt er sich nach Wahl des Spielers in eine Dame, einen Läufer oder einen Springer, und zwar ungeachtet der übrigen noch auf dem Brett stehenden Figuren, so daß eine Partei zugleich zwei oder drei Damen haben kann. Der verwandelte Bauer übernimmt seine neue Funktion sofort, das heißt er bietet beispielsweise einem noch auf der Grundreihe stehenden König im Augenblick der Verwandlung in eine Dame oder einen Turm auch schon Schach.

Eine besondere Möglichkeit des Bauern ist das Schlagen *en passant* (e.p.) oder „im Vorbeigehen" (i.V.). In den Spielregeln des Weltschachbundes heißt es dazu: „Ein Bauer, der ein Feld bedroht, das von einem feindlichen Bauern bei dessen Doppelschritt vom Ursprungsfelde aus überschritten worden ist, kann diesen feindlichen Bauern – aber nur im unmittelbar darauf folgenden Zuge – so schlagen, als ob dieser sich nur ein Feld vorwärts bewegt hätte."

Ein Beispiel auf dem Brett: Der weiße Bauer auf der g-Linie hat das Feld g5 erreicht. Der schwarze f-Bauer geht mit dem Doppelschritt heraus, so daß er auf f5 neben dem weißen Bauern

steht. Weiß verfährt so, als hätte der schwarze Bauer nur einen Schritt gemacht: er stellt seinen Bauern auf f6 und nimmt den schwarzen Bauern auf f5 vom Brett. Der Bauer *kann* im Vorbeigehen schlagen; er *muß* es nur in einem Ausnahmefall tun: Wenn nämlich ohne das Schlagen im Vorbeigehen eine Pattstellung entstünde, weil das Feld vor dem betreffenden Bauern besetzt ist.

Ein wenig verwirrend sind zunächst die Namen und besonderen Bezeichnungen der Bauern, von denen die wichtigsten erwähnt werden sollen: Die Bauern werden nach den hinter ihnen stehenden Figuren benannt (Königsbauer, Damenbauer etc., wobei man die Turmbauern auch Eckbauern nennt), und daneben spricht man von Mittel- oder Zentrumsbauern und Flügelbauern. Ein Bauer, der hinter seinen Nachbarn zurückgeblieben ist, so daß er nicht mehr gedeckt wird, und vor sich ein Feld hat, das der Gegner besetzen kann, heißt rückständig. Steht ein Bauer von allen Bauern seiner Farbe isoliert da, so daß er von Figuren gedeckt werden muß, ist er ein Isolani.

Zuletzt noch ein besonders bildhafter Ausdruck: Ein Bauer, der so tief in die gegnerische Stellung eingedrungen ist, daß er zur Bedrohung wird und – zum Beispiel dadurch, daß er eine heranrückende eigene Figur beim Mattbieten decken könnte – feindliche Kräfte bindet, heißt „Pfahl im Fleisch".

✦

Bedenkzeit

Wie lange hat ein Spieler Zeit, seine Züge zu überlegen? Für die freie Partie, die „Kaffeehauspartie", gibt es lediglich eine ungeschriebene Regel, die man etwa mit den Worten „trödle nicht und dränge nicht" wiedergeben könnte. Das heißt, man

soll die Geduld des Partners nicht über Gebühr in Anspruch nehmen und ihn andererseits nicht auffordern, schneller zu spielen, als ihm lieb ist.

Früher gab es auch im Wettkampf und Turnier keine beschränkte Bedenkzeit, und die Partien dauerten manchmal zehn oder zwanzig Stunden. Es kam vor, daß ein Spieler den andern, wie Staunton sagte, regelrecht „totsaß". Seit 1861 folgt man, nachdem sich andere Regelungen nicht bewährt hatten, einer Anregung von der Lasas und schreibt eine mit der Schachuhr gemessene Gesamtzeit für eine bestimmte Anzahl von Zügen vor, wobei für die verschiedenen Wettkämpfe unterschiedliche Bestimmungen gelten. So hat beispielsweise bei nationalen Meisterschaften, Länderkämpfen, internationalen Turnieren und Schacholympiaden jeder Spieler 2½ Stunden Zeit für 40 Züge.

Danach, das heißt nach 2×2½ Stunden, wird eine Zeitkontrolle vorgenommen. Der Spieler, der seine Zeit überschritten haben sollte, hat die Partie verloren. Nach dieser ersten Zeitkontrolle wird die Partie zur Schonung der Spieler fast immer abgebrochen. Der Spieler, der am Zug ist, gibt seinen Zug ab, das heißt er schreibt ihn, vom Gegner ungesehen, auf sein Partieformular und steckt es in einen Umschlag, auf dem der Schiedsrichter die Stellung und die verbrauchte Bedenkzeit notiert. (Nicht verbrauchte Bedenkzeit wird gutgeschrieben.) Die abgebrochene Partie oder „Hängepartie" wird im allgemeinen am nächsten Tag beendet, und nun hat jeder Spieler immer eine Stunde Bedenkzeit für 16 Züge bis zur Zeitkontrolle.

Wird einem Spieler die Bedenkzeit knapp, so gerät er in Zeitnot, ein deutscher Ausdruck, der als schachlicher Terminus technicus in alle Weltsprachen einschließlich des Russischen *(zejtnot)* übernommen wurde und auch in der Politik angewandt wird. („Politiker sind wie Schachspieler: in Zeitnot fällt ihnen selten der beste Zug ein", sagte Alberto Sordi.) Seine Bedeutung ist klar: Der Spieler muß, um die Partie nicht durch Zeitüberschreitung zu verlieren, eine größere Anzahl von Zügen in kurzer Zeit machen, und es kommt nicht selten vor, daß er die Nerven verliert und fehlerhaft spielt.

Berufsschachspieler

Jeder, der es im Schach weit bringen wolle, müsse es zu seinem Beruf erwählen, meinte Exweltmeister Botwinnik. Sicherlich gilt das heute in höherem Maße als im Mittelalter oder noch im 16., 17. und 18. Jh., als das Berufsspielertum vor allem in Spanien, Italien und Frankreich weit verbreitet war, denn das Wissen, über das ein ambitionierter Schachspieler verfügen muß, nimmt seit Jahrhunderten ständig zu, und es kann vom echten Amateur kaum noch bewältigt werden.

Aljechin übte und studierte täglich acht Stunden, und ebensoviel Zeit widmet heute angeblich Fischer seiner Vorbereitung. Der Meister muß sich ständig auf dem laufenden halten, Fachliteratur lesen, die theoretische Forschung verfolgen, Eröffnungsvarianten studieren und selbst entwerfen und so fort. Wenn man sagt, ein Gelehrter sei einer, der wisse, wo er nachschlagen muß, so läßt sich diese scherzhafte Definition auf den Schachspieler nicht anwenden. Im Wettkampf gibt es keine Hilfsmittel.

Tatsächlich sind dennoch nicht alle großen Meister Berufsspieler. So gut wie ausnahmslos sind es nur – manchmal als Journalisten oder Offiziere getarnt – die sowjetischen, die wie Beamte besoldet werden. Dagegen ist insofern nichts einzuwenden, als es im Schach den Unterschied zwischen Amateur und Professional nicht gibt.

Die Berufsspieler früherer Zeiten lebten hauptsächlich vom Wetten, vom Spiel um Einsätze. Seit der Mitte des vorigen Jahrhunderts beteiligten sie sich an Turnieren, wirkten als Lehrer und Schachautoren und gaben Simultanvorstellungen. Heute sind bei internationalen Turnieren Geldpreise für die Erstplazierten vorgesehen, und daneben gibt es oft auch Punkthonorare für die Nichtplazierten. Die Reise- und Aufenthaltsspesen werden seit 1911 ersetzt. Einer der ersten, die konsequent eine angemessene Honorierung des Schachspiels forderten, war übrigens Emanuel Lasker, der schrieb: „Ich möchte nicht wie Steinitz im Armenhaus enden oder einmal als Bettler von Almosen leben müssen. Wenn die Schachwelt große Leistungen sehen will, soll sie etwas dafür ausgeben."

Reykjavik schrieb 1972 eine Börse von 125 000 Dollar aus, die Fischer nicht genügte und von dem britischen Schachfreund und Finanzier Jim Slater auf 250 000 verdoppelt wurde. Beim WM-Kampf 1978 nahm der Sieger 471 000 und der Verlierer 258 000 Dollar mit nach Hause. Zum Vergleich: Beim ersten Internationalen Turnier 1851 in Lon-

don hatte der Sieger 183 Pfund bekommen. Ein beachtlicher Fortschritt ist also immerhin zu verzeichnen, aber zu den Sportarten, in denen man *rasch* reich wird, zählt der Schachsport noch lange nicht.

✦

Das Blindspiel

bei dem die Spieler weder Brett noch Figuren sehen, sondern einander nur die Züge auf einem imaginären Brett mitteilen – oder, selbst „blind“, mit einem Gegner kämpfen, der ein Brett vor Augen hat – ist eine Leistung, die über das Vermögen des nur leidlich Begabten geht.

„Ich hatte das Schachbrett mit seinen Figuren nach innen projiziert und überblickte ... die jeweilige Position, so wie einem geübten Musiker der bloße Anblick der Partitur schon genügt, um alle Stimmen und ihren Zusammenklang zu hören", heißt es in Stefan Zweigs „Schachnovelle", und dieser Vergleich des Schachbretts mit einer Partitur hilft sicherlich, das Phänomen des Blindspiels zu begreifen, das allerdings immer eher eine Bravourleistung als eine fruchtbare Form des Schachspiels war. Aljechin, der selbst zu den besten Blindspielern gehörte – und in allem, was nicht das Schach betraf, zerstreut und vergeßlich war –, meinte, sein künstlerischer Wert sei gleich Null, aber es habe für ihn eine große sportliche Bedeutung.

Schon die Araber im 8. und 9. Jh. übten sich im Blindspiel, und nach ihnen galten die Spanier als die besten Blindspieler. Als Frankreich die Führung im Schach übernahm, war Philidor der stärkste Blindspieler. Der Philosoph Diderot warnte ihn jedoch vor den gesundheitsschädigenden Folgen so großer geistiger Anstrengungen, und heute ist das Blindspiel in der Sowjetunion verboten.

✦

Das Blindsimultanspiel

Mit dem bloßen Blindspiel ist trotz seiner Schwierigkeit nicht mehr viel Lorbeer zu gewinnen. Der Könner spielt blind und simultan. Schon Philidor war imstande, drei Partien zugleich blind zu spielen, aber er macht eine bescheidene Figur neben den Meistern des 19. und 20. Jhs. Morphy, Zuker-

tort, Pillsbury, Mieses, Réti, Aljechin, Lasker, Najdorf – sie alle waren vorzügliche Blindsimultanspieler, und wie bei den „gewöhnlichen" Simultanspielern wurde seit dem Beginn unseres Jahrhunderts ein Rekord nach dem andern aufgestellt.

Hatte sich Pillsbury 1900 noch mit 16 Gegnern begnügt, so nahm es Réti 1929 schon mit 29 auf. Najdorf spielte 1943 an 40 Brettern blindsimultan und verbesserte sich sieben Jahre später auf 45 Bretter, wobei er 39 Partien gewann, 2 verlor und 4mal unentschieden spielte. Er hielt damit den Weltrekord, bis 1961 der Ungar János Flesch in Budapest 52 Partien blindsimultan spielte. Und Flesch brach 1970 seinen eigenen Rekord mit 62 Partien.

Als Aljechin 1933 auf der Chicagoer Weltausstellung von 32 Gegnern 19 besiegt und 9mal remisiert hatte, hieß es in der Presse, damit hätten die geistige Leistungsfähigkeit und das Gedächtnis des Menschen die äußerste Grenze erreicht, hinter der schon „Chaos und beginnender Wahnsinn" herrschten.

In Wirklichkeit beruht das Blindsimultanspiel natürlich auf einem Trick. Der polnische Internationale Meister Koltanowski, der 1937 gegen 34 Gegner blindsimultan spielte, verriet ihn. Er besitze keineswegs ein überragendes optisches Gedächtnis, erklärte er, sondern spiele eben vor jedem neuen Zug auf einem der vielen Bretter die betreffende Partie im Geiste noch einmal von Anfang an durch. So sieht die Sache freilich gleich ganz anders aus . . .

✦

Blitzschach

Ein Spiel, bei dem die Bedenkzeit, je nach Vereinbarung, 5, 7 oder 10 Minuten für die ganze Partie beträgt. Der Minutenzeiger der Schachuhr wird auf die vereinbarten Minuten vor der vollen Stunde eingestellt. Beim sogenannten Ansageblitzschach wird ein Tonband verwendet, das in Abständen von einigen Sekunden die Züge kommandiert („Weiß zieht“ . . . „Schwarz zieht“ . . .).

Für das Blitzschach sind höchste Konzentration und rasche Reaktionsfähigkeit vonnöten, daher können nur gut trainierte Spieler bestehen, aber trotz ihrer Schwierigkeit ist diese Variante des Schachs beliebt, und einer der besten heutigen Blitzspieler ist Bobby Fischer. Das bisher berühmteste Blitzturnier der Geschichte wurde 1970 in Belgrad im Anschluß an den sogenannten „Wettkampf des Jahrhunderts“ (Sowjetunion gegen die übrige Welt) ausgetragen. Fischer siegte vor Tal und Petrosjan.

Bei Turnieren gelten besondere Regeln: Schach muß nicht angesagt werden, und ein das Schach nicht beachtender König wird geschlagen. Beanstandete unmögliche Züge haben den augenblicklichen Verlust der Partie zur Folge.

✦

Botwinnik

„Als die Menschen tiefer in das Wesen des Schachspiels eindrangen und seine Schönheit zu schätzen lernten, da hörte das Schach auf, ein Spiel zu sein.“

Der Mann, der diese Worte schrieb, ist Michail Moissejewitsch Botwinnik. Er wurde am 17. 8. 1911 in St. Petersburg als Sohn eines Dentisten geboren und wählte den Beruf eines Elektroingenieurs. Schon während der Schulzeit widmete er sich dem Schach. Als Vierzehnjähriger schlug er als Teilnehmer an einer Simultanvorstellung Capablanca, mit sechzehn erkämpfte er sich den Titel eines Schachmeisters, und 1931 und 1933 gewann er die Meisterschaft der Sowjetunion. Im großen Internationalen Turnier Moskau 1935 belegte er zusammen mit Salo Flohr den 1. Platz vor Lasker und Capablanca, und 1936 in Nottingham lag er wieder an der Spitze, diesmal zusammen mit Capablanca.

Während des 2. Weltkriegs übte er seinen Ingenieurberuf aus und errang daneben eine Reihe von Schachsiegen, die ihm den Titel eines „absoluten Champions der UdSSR“ eintrugen. Als er nach dem Krieg im großen internationalen Turnier von Groningen (1946) vor Euwe gewann, war für die Schachwelt klar, daß Botwinnik zu den wenigen gehörte, die den durch Aljechins Tod freigewordenen Weltmeisterthron anstreben konnten, und tatsächlich ging er 1948 aus dem von der FIDE veranstalteten Turnier als Sieger hervor. Zwischen 1948 und 1963 verlor er den WM-Titel zweimal – 1957(–1958) an Smyslow und 1960(–1961) an Tal – und eroberte ihn jedesmal wieder zurück. Erst 1963 mußte er sich endgültig Petrosjan beugen.

Botwinnik, der im Gegensatz zu vielen anderen sowjetischen Meistern seinen Beruf, in dem er sich ebenfalls Anerkennung zu verschaffen wußte, immer wieder ausübte, ist einer der typischen Vertreter des modernen wissenschaftlichen Schachs, das er unter anderem durch theoretische Arbeiten über die Methodik des Turnierspiels bereicherte (Hans Müller nannte ihn „den ersten Vertreter einer universell-wissenschaftlichen Richtung“) und zugleich auch des modernen, nach höchster technischer Vollendung strebenden Schachsportlers, wie ihn vor allem die Sowjetunion durch hartes Training und die Anwendung wissenschaftlicher Erkenntnisse hervorbringt. Seine sportliche Einstellung zum Schach zeigt sich auch darin, daß er junge Talente ohne Eifersucht förderte, zum Beispiel Karpow, dessen Begabung er als erster erkannte.

Sportler ist Botwinnik auch in seiner ganzen Lebensführung. Er lebt enthaltsam und nach einem einfachen Tagesplan, geht morgens und abends spazieren, raucht und trinkt nicht, treibt Gymnastik und unterzieht sich mit strenger Regelmäßigkeit seinem Schachtraining. Seine Konzentrationsfähigkeit ist legendär. Während eines Turniers trug er stets denselben Anzug und dieselbe Krawatte, und er wählte immer denselben Weg zum Turniersaal, um nicht durch neue Eindrücke abgelenkt zu werden.

Seit 1963 widmet sich Botwinnik hauptsächlich wissenschaftlichen Arbeiten, und zur Zeit beschäftigt er sich mit Kybernetik und Computerforschung. (Er arbeitet an der Entwicklung von Schachcomputern.) Neben dem Schach liebt er die Musik, die Philosophie und das Ballett, dem er durch seine Frau verbunden ist. Sie war eine Tänzerin von Rang und trat zuletzt im Moskauer Bolschoj-Theater auf.

✦

Das Brett

Es wurde nicht eigens für das Schachspiel erfunden und war gewissermaßen schon immer da: als geometrische Konstruktion, als Muster, das sich geradezu zwangsläufig ergeben mußte; und mit an-

derer Felderzahl diente es lange vor der Erfindung des Schachs anderen Spielen, zum Beispiel dem Latrunculi der alten Römer.

Als eigentliches Schachbrett hatte es vom 6. Jh. bis heute 64 zunächst einfarbige und dann abwechselnd hell und dunkel getönte Felder. Daneben gab es Bretter mit größerer oder kleinerer Felderzahl, auf denen die verschiedensten, meist kurzlebigen, Abarten des Schachs gespielt wurden.

Daß eine leidlich repräsentative Sammlung von Schachbrettern einen Querschnitt durch alle Epochen der Kunstgeschichte darstellt, braucht nicht näher erläutert zu werden, und es gab so gut wie kein Material, das nicht verarbeitet wurde. Einlegearbeiten aus verschiedenfarbigen Hölzern, Gold und Silber, Schildpatt und Perlmutt, kunstvoll bemaltes Porzellan, Emailarbeiten ... der Phantasie waren und sind keine Grenzen gesetzt. (Und der malaisische Reisbauer ritzt sich das Brett in den Lehmboden seiner Hütte.)

Doch wenn das Brett auch dem Nichtschachspieler so vertraut ist, daß es keiner näheren Erklärung zu bedürfen scheint, sollen doch einige Grundbegriffe genannt werden, die es dem Anfänger erleichtern, sich zurechtzufinden.

Das Brett wird so aufgelegt, daß jeder Spieler zur rechten Hand ein weißes Feld vor sich hat. Stellt man sich das Brett auf Kante gestellt vor, so erhält man acht vertikale und acht horizontale Felderreihen. Tatsächlich spricht man auch beim liegenden Brett von Vertikalen (oder Senkrechten) und Horizontalen (oder Waagrechten). Die Verti-

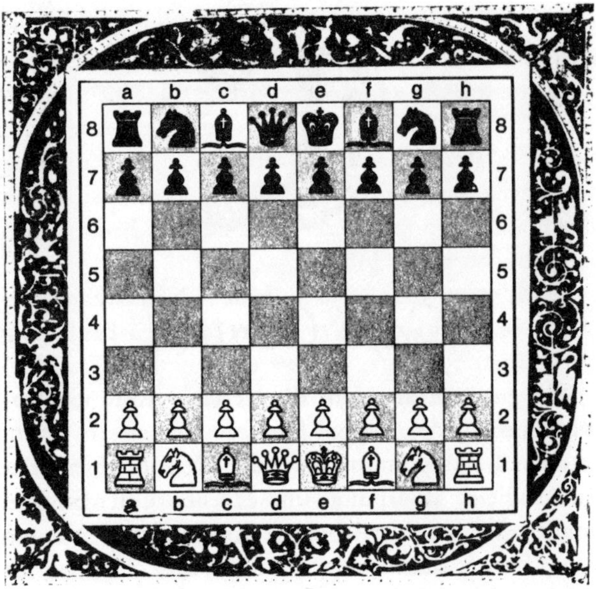

kalen heißen *Linien.* Sie werden von links nach rechts (von der „weißen Seite" aus gesehen) mit den Buchstaben a bis h bezeichnet. Die Horizontalen sind die *Reihen.* Man bezeichnet sie von unten nach oben, das heißt von der Seite des Spielführers von Weiß nach der „schwarzen Seite" hin, mit den Ziffern 1 bis 8. Weiß stellt also seine Figuren auf den Feldern a1 bis h1 (der „Grundreihe") und seine Bauern auf den Feldern a2 bis h2 auf. Schwarz besetzt entsprechend die Felder a8 bis h8 und a7 bis h7.

Im übrigen spricht man beim Blick auf das Brett nicht von „links" oder „rechts", von einem linken oder rechten Flügel, sondern von der Damen- und Königsseite, vom Damen- und Königsflügel. Und Dame und König geben auch den „links" und „rechts" von ihnen stehenden Figuren ihre Namen: Damenläufer, Königsspringer und so fort.

✦

C

Café Central

Das heute nicht mehr existierende Café Central war noch in den ersten Jahrzehnten unseres Jahrhunderts das Stammlokal der Wiener Literaten und zugleich Treffpunkt und Hochburg der Schachspieler Wiens. Der spätere Großmeister Richard Réti, Berufsschachspieler und Literat, brillierte im „Central“ als Blindspieler im Kreise der Meister seiner Zeit. Dr. Tartakower, ein Doppeltalent wie Réti, spielte seine originellen Partien und schrieb Gedichte, Artikel für Schachzeitungen und Bücher.

Spielmann, Grünfeld, der Slowene Milan Vidmar, der in Wien Elektrotechnik studierte und nach 1911 eine Zeitlang zu den Weltbesten gehörte, Kmoch, Becker, Müller, König, Eliskases – sie alle und andere dazu verkehrten irgendwann in ihrem Leben im Café Central, wo sie Freundschaft und Ermunterung fanden.

Ein wegen seines gekonnten Spiels stets willkommener Gast war ein gewisser Lew Dawidowitsch Trotzki, und ihm verdankt es das Café Central, daß es zumindest in den Fußnoten und im Gewand einer Anekdote in die Weltgeschichte einging:

Als der ehemalige österreichische Außenminister Graf Berchtold vom Ausbruch der Revolution in Rußland erfuhr, tat er die Nachricht als unglaubwürdig ab und sagte: „Ja und wer soll denn die Revolution bloß gemacht haben? Vielleicht der Herr Trotzki aus dem Café Central?“

✦

Caissa

Der englische Rechtsgelehrte und Orientalist Sir William Jones (1746–1794) – er war Mitbegründer der indischen Altertumsforschung in Europa und der erste, der auf die Verwandtschaft des Sanskrit mit dem Griechischen, Lateinischen und Gotischen hinwies – schrieb als Siebzehnjähriger zwei Gedichte: *Advertisement to Caissa* und *Caissa or the Game of Chess.* Sie lehnten sich an ein Epos an, das der italienische Bischof Hieronymus Vida im 16. Jahrhundert in lateinischer Sprache verfaßt hatte und das ein Schachturnier im Olymp schilderte, nach dessen Ende der huldvolle Göttervater eine Nymphe zu den Menschen schickte, um sie das Schachspiel zu lehren. Diese Nymphe nannte

Sir William Jones Caissa, und damit gab er dem Schachspiel, was ihm bis dahin gefehlt hatte: eine Muse.

Caissa tauften die Russen aber auch einen Schachcomputer, der 1975 Weltmeister der „Drahthirne“ war.

Seit einigen Jahrzehnten braucht sich das Schach nicht mehr mit einer heidnischen Muse zu begnügen. Die spanischen Kirchenbehörden ernannten 1944 die heilige Therese von Avila, die sich in

ihren Schriften der Schachsymbolik bedient hatte, um sittliche und religiöse Fragen zu erörtern, zur Schutzpatronin der Schachspieler.

✦

Capablanca

„Seine Persönlichkeit: faszinierend, jung und feurig. Schön und elegant. Geschickt und vielseitig. Seines Schachkönnens voll bewußt und daher bescheiden. Die Wichtigkeit des Schachs keineswegs übertreibend und daher wißbegierig. Im übrigen ein mondäner Kosmopolit, fünf Weltsprachen fließend beherrschend. Ein Gentleman durch und durch. Seine Schachlaufbahn überwältigend. Wie beim Corneille'schen Cid – keine Versuchsstreiche, sondern lauter Meisterleistungen." So beschrieb Tartakower den Mann, von dem Lasker sagte: „Im Laufe meines Lebens habe ich viele Schachspieler kennengelernt, aber nur ein Schachgenie: Capablanca."

Er hieß mit vollem Namen José Raúl Capablanca y Graupera und wurde 1888 in Havanna geboren. Mit fünf Jahren gewann er eine Partie gegen ein Mitglied des dortigen Schachklubs, das ihm allerdings die Dame vorgegeben hatte, mit zwölf Jahren war er bereits kubanischer Meister. Er gab sein Ingenieurstudium zugunsten des Schachspiels auf und wurde nach einer Reihe von aufsehenerregenden Siegen 1921 Weltmeister, indem er Lasker mit 4:0 schlug. Die kubanische Regierung nahm ihn pro forma in den diplomatischen Dienst auf und zahlte ihm zeitlebens ein Gehalt, das es ihm ermöglichte, sich ganz dem Schach zu widmen. Seine begeisterten Landsleute schenkten ihm ein Haus in Havanna, und sein Geburtstag, der 19. November, wurde zum Capablanca-Tag erhoben.

Es hat im Schach mehrere Wunderkinder im Sinne von Frühbegabten gegeben, aber abgesehen von Philidor war es keinem wie Capablanca vergönnt, als „Wunderkind" eine Meisterkarriere voll zu durchleben und zum höchsten Rang und Ansehen aufzusteigen. „Capa“, wie er in der Schachwelt genannt wurde, spielte mit unvergleichlicher Leichtigkeit (und gelegentlich nicht ohne Leichtsinn). Er verdankte seine Erfolge weniger dem Fleiß als der Begabung, dem Instinkt. „Ich sehe mit einem Blick, was in einer Stellung steckt“, sagte er selbst. „Was kann, was wird geschehen? Die anderen suchen, ich dagegen, ich weiß es.“ Mit seinem intuitiven und dabei klaren, einfachen Spiel brachte er die klassische Richtung zur Vollendung.

Capablanca galt als nahezu unbesiegbar, man nannte ihn eine Schachmaschine. Zwischen 1914 und 1924 verlor er eine einzige Partie – gegen Réti –, und diese Niederlage ging als Sensationsmeldung durch die Weltpresse. Er blieb auch nachdem er 1927 den WM-Titel nach hartem Kampf an Aljechin hatte abtreten müssen, der beinahe Unschlagbare. Ein Gegner, der ihm allerdings immer wieder zu schaffen machte, war Lasker. Erst 1936 in Moskau gelang es ihm, den deutschen Exweltmeister im Turnier zu besiegen.

Beim Moskauer Turnier des Jahres 1925 trat eine andere Facette der Persönlichkeit Capablancas besonders sichtbar in Erscheinung: seine Anziehungskraft auf Frauen. „Während des Turniers liefen ihm die Frauen förmlich nach“, berichtete der russische Meister Panow. „Sobald er das Brett verließ, umgab ihn eine ganze Schar von Verehrerinnen ... Am Ende des Turniers besaß er 200 Bonbonnieren.“

Als beim Karlsbader Turnier 1929 seine eigene Frau unvermutet im Saal erschien, während er gerade gegen Sämisch spielte, geriet Capablanca so

außer Fassung, daß er einen groben Fehler beging und die Partie verlor. Sein Erschrecken war allerdings verständlich: In seinem Hotelzimmer wartete schon eine Freundin auf ihn. Er trennte sich später von seiner Frau und heiratete eine andere.

Capablanca nahm 1939 zum letztenmal an Wettkämpfen teil: am Turnier in Margate, wo er mit Flohr nach Keres den 2. Platz belegen konnte, und an der Schacholympiade in Buenos Aires. Er starb

1942 in New York. „Wahrscheinlich wird die Schachwelt nie wieder einen Spieler wie Capablanca sehen“, sagte Aljechin, der mit ihm im Leben verfeindet gewesen war.

✦

Das Charlemagne-Schach

Harun al-Raschid, der in seinem Reich das Schach förderte, soll Karl dem Großen (Charlemagne) ein kostbares Schachspiel geschenkt haben, dessen Figuren als Charlemagne-Schach in Museen aufbewahrt werden, und auf diese Figuren stützt sich die Behauptung, daß Karl selbst ein leidenschaftlicher Spieler, ja sogar Schirmherr des Schachs gewesen sei. Offensichtlich gehört aber sowohl das Geschenk des berühmten Kalifen als auch der schachspielende Kaiser ins Reich der Fabel.

Die sorgfältig ausgeführten Figuren verraten durch ihre Kleidung, daß sie aus einer späteren Zeit stammen, und Einhard, der Vertraute und Biograph Karls, weiß nichts von einer Schachleidenschaft seines Herrn.

Nach neueren Forschungen soll Karl das Schach zwar gekannt, aber nicht sonderlich geschätzt haben, und das Schachspiel Karls des Großen ist zweifellos nur ein Beispiel dafür, daß man im Mittelalter dazu neigte, das bald so weit verbreitete und beliebte Spiel historischen – und legendären – Gestalten anzudichten. So soll man schon an des Königs Artus Tafelrunde Schach gespielt haben, aber Artus würde, hätte es ihn je gegeben, um 500 gelebt haben. Das Schachspiel wurde in spätere Fassungen der Artus-Sage aufgenommen, so wie es der Bretone Béroul in seine erst nach 1190 entstandene Romanfassung der Tristansage einführte.

✦

Chinaschach

Das chinesische Schachspiel, *hsiang ch'i,* gilt allgemein als eine Abart unseres Schachs, beziehungsweise man spricht von einer gemeinsamen Wurzel beider Spiele.

Mit dem indischen Schach stimmt ungefähr überein das Brett – aber schon hier zeigt sich ein wesentlicher Unterschied. Das einfarbige chinesische Brett ist in der Mitte durch einen Streifen in der Breite eines Feldes, den „Fluß“, geteilt, so daß zwei Hälften zu je 8×4 Feldern entstehen. Die Steine, flache, durch Schriftzeichen gekennzeichnete Scheiben, stehen und ziehen jedoch nicht auf den Feldern, sondern auf den Schnittpunkten der Feldbegrenzungen. Daher stehen auf der voll besetzten

Grundlinie neun Steine, zu denen auf der übernächsten Horizontalen zwei Kanonen und auf der folgenden fünf Fußsoldaten kommen.

Eine besondere Kuriosität ist, daß die Übereinstimmung der Figuren mit den alten indischen auf der weißen Seite in höherem Maße gegeben ist als auf der schwarzen. In der Mitte steht, anstelle des Königs, der General. Er wird von zwei Ratgebern (entsprechend dem indischen *mantrin)* flankiert, auf die links und rechts je ein Elefant folgt, und die beiden Außenpositionen sind, ebenfalls wie in Indien, mit Pferd und Wagen besetzt.

Pferde und Wagen haben ihre Entsprechung auf der schwarzen Seite, aber statt des Elefanten steht jeweils ein Minister, der zwar wie der Elefant (allerdings mit anderem Tonfall) *hsiang* gesprochen, aber mit einem anderen Zeichen geschrieben wird. Dem General *(chiang)* auf der weißen entspricht ein Feldherr *(shuai)* auf der schwarzen Seite, und neben ihm stehen nicht Ratgeber, sondern Offiziere. Es kämpfen also gewissermaßen zwei ungleich zusammengesetzte Heere gegeneinander, unter anderem Minister gegen Elefanten. (In vereinfachten europäischen Spielen, deren Steine Bilder statt Schriftzeichen tragen, sind diese Unterschiede verwischt.)

Die Felder, die wir auf unserem Brett mit d,e1 und d,e2 (bzw. d,e8, d,e7) bezeichnen, sind von Diagonalen durchkreuzt und bilden die sogenannte Festung, die von den Figuren General/Feldherr und Ratgeber/Offizier nicht verlassen werden dürfen. Ratgeber und Offiziere ziehen einen Schritt in der Diagonalen, Elefanten und Minister machen zwei schräge Schritte und können den Fluß nicht überschreiten. Das Pferd bewegt sich wie das unsere, kann aber merkwürdigerweise nicht springen. Die Wagen ziehen wie unsere Türme, ebenso die Kanonen, die aber nur schlagen dürfen, wenn sie über einen eigenen oder feindlichen Stein springen können. Die Fußsoldaten ziehen und schlagen ein Feld geradeaus, nach Überschreitung des Flusses auch seitwärts. Der Sieg wird durch Matt- oder Pattsetzen des feindlichen Generals errungen.

Diese Einzelheiten genügen, um zu zeigen, daß wir im Chinaschach mit dem Fluß und den in der Festung eingeschlossenen Generalen und Ratgebern, mit Kanonen, die springen müssen, und Springern, die nicht springen dürfen, ein wenig in eine verkehrte Welt geraten. Dennoch bietet das chinesische Schach interessante Möglichkeiten, und paradoxerweise gewinnt es heute im Westen neue Freunde, während es in China selbst nicht mehr sehr geschätzt und niedriger als „unser“ Schach eingestuft wird.

✦

Computerschach

Elektronenhirne, die gegen Meister Schach spielen und gewinnen: ein Wunschtraum der Elektronik-Technologen. Wie weit ist er noch von seiner Erfüllung entfernt?

Die Schachmeister taten diesen Traum zunächst als völlig utopisch ab. Der amerikanische Internationale Meister und Ingenieur Edward Lasker, ein entfernter Verwandter des Exweltmeisters Emanuel Lasker, „bewies“, daß ein erfahrener

Spieler jederzeit einen Computer schlagen könne – „gleich wie dieser programmiert wird". Um 25 Züge vorauszuberechnen, argumentierte er, müßte das Gerät eine Gesamtzahl von 10^{75} Zügen durchgehen. Dazu würde der Computer selbst bei 1 000 000 Zügen pro Sekunde 10^{69} Sekunden brauchen – und unser Planetensystem ist schätzungsweise erst 10^{18} Sekunden alt!

Lasker irrte insofern, als er meinte: „Gleich wie der Computer programmiert wird." Denn die Voraussetzungen ändern sich von Grund auf, wenn der Computer durch die Anwendung von Prinzipien und Systemen, deren Erläuterung hier zu weit führen würde, so programmiert wird, daß er unter anderem nicht mehr alle theoretisch möglichen Züge durchrechnet, sondern nur noch die plausiblen, sinnvollen – und diese nicht auf 25 Züge im voraus. (Aljechin erklärte, er rechne „meist vier Züge, selten mehr als sechs" voraus.)

Der Programmierer steht freilich vor der unlösbar scheinenden Aufgabe, durch starre Programme ersetzen zu müssen, was der Mensch an Phantasie, Urteilsvermögen, intuitivem Schachverstand und Begabung, an Lernfähigkeit und anderen, mathematisch nicht erfaßbaren Eigenschaften und Fähigkeiten mitbringt. Dennoch gelang es um 1973 durch sinnvolle Programmierung, Computern eine Spielstärke zu geben, die nach dem Elo-System etwa 1500 betrug, und um 1975 erreichten Computer Elozahlen zwischen 1600 und 1800. Ein Internationaler Meister hat 2400 bis 2600 Punkte, ein Super-Großmeister über 2600, Bobby Fischer 2824. Bei diesem Stand hatten die Computer noch keine Chance gegen Meister, aber sie spielten unter sich, und 1975 wurde sogar eine Computer-WM ausgetragen. „Caissa" (UdSSR) spielte gegen die Amerikaner „Tech II" und „The Ostrich" und gewann. Die weitere Entwicklung machte rasche Fortschritte.

Auf dem Paul-Masson-Turnier 1976 schlug der von dem Amerikaner David Slate programmierte Computer „Schach 5.0" alle 128 (menschlichen) Gegner. Nach weiteren Siegen im Jahre 1977 erhielt er eine Elo-Zahl von 2271 und war somit „Meister". Im September 1978 schlug der britische Meister David Levy, der 1968 mit vier befreundeten Informatikern gewettet hatte, daß ihn in zehn Jahren kein Computer besiegen werde, den bis dahin weltbesten Computer. Immerhin erzielte der Computer aber auch ein Remis, und seine Schöpfer erklärten nun, in fünf Jahren werde ihr Drahthirn jeden Meister schlagen.

Kurz, die Techniker halten es für möglich, die Kluft zu überbrücken, die den Computer noch vom Weltmeister trennt, und aus der Utopie könnte Wirklichkeit werden: Ein Gerät, das rechnen, aber nicht denken kann, siegt über den Menschen, der denken, aber (verglichen mit dem Computer) nicht rechnen kann.

Der gefürchtete „Computer-Tod" des Schachs rückt damit in bedrohliche Nähe, und zuletzt wird vielleicht nur ein Ausweg bleiben, den eine Karikatur in der russischen Zeitschrift „Ogonjok" andeutete. Ein kleiner Junge spielt mit einem Roboter Schach, und der beklagt sich: „Immer, wenn ich ein bißchen länger nachdenken will, schaltet er mir einfach den Strom ab."

Die Dame

ist auf dem Brett die stärkste und in der Schachgeschichte die rätselhafteste Figur.

Sie steht neben dem König, und zwar die weiße Dame auf dem weißen und die schwarze auf dem schwarzen Feld. *Regina regit colorem,* die Königin regiert die Farbe, sagt ein alter lateinischer Merkspruch. Ihre große Stärke verdankt sie der Tatsache, daß sie vertikal, horizontal und in der Diagonalen alle Felder beherrscht.

Das Rätselhafte an ihr ist die bereits kurz erwähnte Verwandlung aus dem Fers im 15. Jh. Für die Namensänderung gibt es mehrere Erklärungen. Die einfachste ist die, daß man in der Figur neben

Pherz

dem König früher oder später zwangsläufig die ihm zugehörige Königin sah, und so heißt sie auch heute noch in den weitaus meisten Sprachen. Sie ist eine *reine* im Französischen, eine *Queen* im Englischen und so fort von *kraljica* im Serbokroatischen bis *kuningatar* im Finnischen, und im Deutschen gingen die Bezeichnungen „Königin“ und „Dame“ lange nebeneinander her. Die „Dame“ im besonderen (der Name und die Figur mit der neuen Gangart) entstand auf eine nicht eindeutig belegbare Weise in Frankreich. Freret, ein Schachautor des 19. Jhs., meinte, durch eine Fehldeutung sei aus *fierge* (frz. für „Fers“) *vierge*, Jungfrau, geworden. Woher aber die „vierge“ oder „dame“ die große Kampfkraft erhielt, das versucht eine faszinierende Theorie des Schachmeisters und -autors Jacob Silberman zu erklären:

In einem 1429 gedichteten Preislied sagte Christine de Pisan, auf französischem Boden werde den Engländern kein Erfolg beschieden sein; auf diesem Schachbrett würden sie mattgesetzt werden. Es ist die Rede vom Hundertjährigen Krieg zwischen England und Frankreich, und in demselben Jahre 1429 führte die entscheidende Wende in diesem Krieg nicht der König herbei, sondern Jeanne d'Arc, die Jungfrau von Orléans.

Man spielte damals in Frankreich nicht nur begeistert Schach, sondern auch gut. Karl, Herzog von Orléans, holte Schachmeister an seinen Hof, und Karl der Kühne, Herzog von Burgund, galt als der beste Spieler seiner Zeit. Und schließlich spielte auch Karl VII., dem Jeanne Reich und Krone rettete, Schach mit seiner Geliebten, Agnes Sorel. Könnte nicht eine einflußreiche Persönlichkeit auf den Gedanken gekommen sein, eine Jeanne d'Arc auf dem Schachbrett nachzuschaffen?

Der amerikanische Psychoanalytiker Colby sieht das Vorbild für die Dame allerdings in Caterina Sforza (1462–1509), die anstelle ihres schwachen Gatten tyrannisch über die Romagna herrschte. Doch ob Jeanne oder Caterina – van der Linde dürfte recht haben, wenn er meint, die Verwandlung des Fers in die Dame sei der „Gedankenblitz" eines einzelnen, die „Eingebung eines Augenblicks" gewesen.

✦

Die absolute Dame

Sie war eine Kuriosität, die man sich im vorigen Jahrhundert in Rußland ausdachte. Die Dame, durch ihre Beweglichkeit ohnehin die fürchtenswerteste Figur auf dem Brett, erhielt zusätzlich noch die Gangart des Springers, und die Spieler vereinbarten vor jeder Partie, ob die Dame normal ziehen oder absolut sein sollte.

Daß sich diese Erfindung nicht durchsetzen konnte, wird einem verständlich, sobald man einmal versucht, mit der absoluten Dame zu spielen. Das ideal abgestimmte Zusammenspiel der Figuren wird so empfindlich gestört, daß die Partie auf ein dilettantisches Niveau absinkt.

✦

Das Decken

Man versteht darunter den Schutz eines Steins durch einen anderen Stein derselben Farbe, der „zurückschlagen" kann, wenn der erste geschlagen wird. Ein Stein, der nicht auf solche Weise geschützt ist, ist „ungedeckt".

Einen Sonderfall stellt das „Schachdecken" dar: Ein Stein wird so gezogen, daß er zwischen eine schachbietende Figur und den König tritt und diesen gegen den Angreifer abdeckt.

✦

Dilaram

war einer Sage nach die Lieblingsfrau des Großwesirs von Bagdad, Mawardi, eines ebenso glücklosen wie leidenschaftlichen Schachspielers. Als er eines Tages bereits seine ganze Habe verspielt hatte, bot er seine Frau als Einsatz an. Er war drauf und dran, auch diese Partie zu verlieren – sein König wäre mit dem nächsten Zug von Schwarz matt gewesen –, als Dilaram erkannte, daß er durch ein Opfer beider Türme noch gewinnen konnte. Sie teilte ihm heimlich ihre Entdeckung mit und rettete die Partie und sich selbst.

Dieses sogenannte „Matt der Dilaram" ist in einer Mansuba aus dem 10. Jh. erhalten und für uns nachspielbar, wenn wir uns die Regeln des arabischen Schachs vergegenwärtigen, nach denen der Läufer diagonal auf das übernächste Feld springt. Die Lösung ist verblüffend, die Sage weist Dilaram als gute Spielerin aus und zeigt, was die Araber vom Schachverstand der Frauen hielten, der im Abendland bis in unsere Zeit angezweifelt wurde.

Endspiel

Die Schlußphase der Schachpartie, die zu einem nicht genau bestimmbaren Zeitpunkt beginnt, wenn die meisten Figuren abgetauscht worden sind und das Brett sich merklich geleert hat. Zwei Dinge verleihen dem Endspiel seinen besonderen Charakter: Die Steine ändern ihren Wert – der bis dahin schwache König und die Bauern gewinnen an Stärke, letztere vor allem wegen der Möglichkeit der Verwandlung auf der letzten Reihe –, und das Spiel erfordert nun in besonderem Maße Wissen, technisches Können und analytische Fähigkeit.

Daher ist für Anfänger das Endspiel oft das Stadium der Ratlosigkeit, und sie sind nicht imstande, eine bis dahin allen Fehlern zum Trotz recht forsch durchgespielte Partie einigermaßen zeit- und kunstgerecht zu Ende zu bringen; sie büßen zuletzt eine etwaige materielle Überlegenheit ein oder können *mit* ihr den Gegner nicht mattsetzen.

Neben den praktischen Endspielen, die eine Partie beschließen, kennt man seit den Zeiten des arabischen Schachs die theoretischen, die komponierten Endspielstudien, und die verschiedenen Arten von Endspielen – Damenendspiele, Turmendspiele und so fort, je nach den noch vorhandenen Steinen – bilden einen wesentlichen Teil jedes Lehrbuchs.

✦

Eröffnung

Der Beginn der Partie, grob gesprochen die ersten zehn bis fünfzehn, nach neuerer Auffassung auch zwanzig oder fünfundzwanzig Züge, bei denen es darauf ankommt, die Figuren zu entwickeln oder zu entfalten, das heißt in eine für das Mittelspiel günstige Position zu bringen. Die Eröffnung ist die Phase der Schachpartie, die am gründlichsten studiert und analysiert wurde und am ehesten systematisch verläuft. In der Eröffnungstheorie unterscheidet man zwischen offenen, halboffenen und geschlossenen Spielen.

Beim offenen Spiel beginnt Weiß mit dem Doppelschritt des Königsbauern und Schwarz antwortet ebenso. Beim halboffenen Spiel wird der Doppelschritt des weißen Königsbauern mit irgendeinem anderen Zug beantwortet, und geschlossene Spiele ergeben sich, wenn Weiß mit einem anderen Zug als dem genannten beginnt. Der Anfänger, der recht originell spielen will und etwa mit einem Springerbauern anzieht, muß sich bald davon überzeugen lassen, daß geschlossene Spiele im allgemeinen komplizierter verlaufen und schwerer zu meistern sind als offene.

Zum Begriff Eröffnung gehört der der Verteidigung, das heißt der von Schwarz gewählten Antwort auf die Eröffnung von Weiß. Die Zahl der derzeit bekannten und erprobten Eröffnungen ist zu groß, als daß hier auch nur ein annähernder Überblick gegeben werden könnte (die einschlägige Literatur füllt ganze Regale), und es bleibt dem Anfänger überlassen, in einem Lehrbuch nachzuforschen, was es mit der von Nimzowitsch abgewandelten Indischen Verteidigung, zu der wiederum Spasski eine (schon von Tarrasch vorgeschlagene) Variante erprobte, kurz mit der „Spasski-Variante der Nimzo-Indischen Verteidigung" auf sich hat.

✦

Euwe

„Wenn man die Schachspieler der ganzen Welt befragte, wer heute die populärste Schachpersönlichkeit auf dem Erdball sei, so würde meiner Ansicht nach Dr. Euwe die meisten Stimmen erhalten", schrieb 1965 Michail Botwinnik.

Max (eigentlich Machgielis) Euwe wurde am 20. 5. 1901 in Amsterdam geboren. Mit fünf Jahren erlernte er das Schachspiel von seinen Eltern, mit 16 Jahren besaß er Turnierreife, 1921 gewann er die niederländische Landesmeisterschaft. Er widmete sich jedoch nicht ausschließlich dem Schach, sondern studierte Mathematik und promovierte 1926. „Für mich gibt es nur zwei Leidenschaften: Schach und Mathematik. Beides betrachte ich als Lebenszweck", sagte er von sich selbst. Nach Wettkämpfen mit erstrangigen Meistern wie Réti, Bogoljubow, Flohr, Maróczi und Capablanca erhielt er 1928 den Titel eines Amateur-Weltmeisters. (Der Weltschachbund versuchte damals – vergeblich – den für Sportolympiaden geforderten Amateurstatus auch im Schach durchzusetzen.)

Die folgenden Siege Euwes zeigten, daß in ihm ein Spieler von höchstem Rang heranwuchs. Er belegte 1930/31 in Hastings den 1. Platz vor Capablanca, war 1932 in Bern und 1934 in Zürich Zweiter hinter dem amtierenden Weltmeister Aljechin und ebenfalls 1934 beim Weihnachtsturnier in Hastings Erster mit Flohr und Sir Thomas vor Capablanca und Botwinnik.

Nach gründlichem, methodischem Studium erreichte Euwe seine Höchstform im Jahre 1935. Er trat in seiner Heimat zum WM-Kampf gegen Aljechin an und gewann mit 9:8 bei 13 Remisen. Nach dem Ende der letzten Partie brach unter seinen Landsleuten im Saal ein solcher Freudentumult aus, daß 40 Polizisten einschreiten mußten, um die Ruhe wiederherzustellen. Zwei Jahre später, 1937, gelang es Aljechin dann allerdings, den WM-Titel zurückzuerobern.

Dr. Max Euwe ist einer der fruchtbarsten Schachautoren und Schachlehrer aller Zeiten. Seine Bücher über alle drei Phasen der Partie – Eröffnung, Mittelspiel und Endspiel –, für die er wissenschaftliche Prinzipien erarbeitete, sind Standardwerke der Schachliteratur. Aus zwölf Bänden mit 1552 Seiten und 1372 Diagrammen besteht allein seine „Theorie der Schacheröffnungen".

Seine Verdienste um das Schach fanden unter anderem ihre Anerkennung darin, daß er 1970 zum Präsidenten des Weltschachbundes gewählt wurde, der er noch heute ist. Dr. Euwe zog sich 1960 vom Turnierspiel zurück und wandte sich der Kybernetik zu. Er ist Professor der Methodologie der automatischen Datenverarbeitung in Rotterdam und Tilburg. Wie Botwinnik beschäftigte er sich auch eingehend mit dem Problem des Computerschachs, dem er keine Chancen einräumt.

Man erzählt sich von Euwe, der ein begeisterter Autofahrer und Pilot ist, eine Anekdote, die, wenn schon nicht wahr, so doch gut erfunden ist: Als er eines Tages außerhalb Amsterdams am Steuer seines Wagens von einem Verkehrspolizisten angehalten wurde und schuldbewußt fragte: „Bin ich zu schnell gefahren?" antwortete dieser: „Nein, Herr Professor, Sie sind zu tief geflogen."

✦

Ewiges Schach

auch Dauerschach genannt, entsteht dadurch, daß ein Spieler zwar dem ausweichenden König ununterbrochen mit jedem neuen Zug wieder Schach bieten kann, aber nicht in der Lage ist, ihn mattzusetzen. Die Partie endet in diesem Falle unentschieden.

✦

Feenschach

Der Begriff – man spricht auch von Märchenschach – hat zwei Bedeutungen. Einmal versteht man darunter eine Art des Kunst- oder Problemschachs, bei dem nach eigenen oder umgekehrten Regeln spezielle Probleme zu lösen sind, die Gelegenheit zu Studien und Analysen bieten. Ein einfaches Beispiel ist das Selbstmatt, dessen Aufgabestellung lautet: Weiß zieht an und zwingt Schwarz, ihn in vier (fünf etc.) Zügen mattzusetzen.

Zum andern ist Feenschach eine Sammelbezeichnung für eine Unzahl von Schachvarianten, die teils mit den üblichen Figuren auf normalen Brettern, aber mit abgeänderten oder zusätzlichen Regeln, teils auf Brettern mit kleinerer oder größerer Felderzahl und beschränkten oder durch neuerfundene Figuren erweiterten Figurensätzen oder überhaupt auf anders geformten Brettern gespielt werden.

Die mit normalem Material gespielten Abarten können als Problemschach betrachtet werden. Zu ihnen gehören beispielsweise das Marseiller Schach, bei dem jeder Spieler jeweils zwei Züge macht – und bei einem Schachgebot auf den zweiten verzichtet –, und einige andere Varianten mit besonderen Regeln, etwa daß nur mattgesetzt, nicht aber Schach geboten werden darf, oder daß Schwarz grundsätzlich verpflichtet ist zu schlagen, wo immer sich eine Möglichkeit dazu bietet. Beim Metamorphosenschach wird jeder geschlagene Stein wieder auf sein Ausgangsfeld zurückgestellt. Ist es nicht frei, kann er nicht geschlagen werden.

Irgend jemand hat einmal gesagt, Unterhaltungsmusik sei Musik für Leute, die keine Musik mögen. Ähnliches läßt sich vielleicht von den völlig frei erfundenen Spielarten des Märchenschachs sagen. Jedenfalls ist nur schwer verständlich, woher ein echter Schachliebhaber angesichts der Unausschöpflichkeit des orthodoxen Schachs die Lust und Zeit für Spielereien mit Märchenfiguren wie Jägern und Kaiserinnen nehmen sollte.

✦

Fernschach

Unter Fernschach versteht man jede Art von Schach, die indirekt, durch Korrespondenz, telegrafisch oder telefonisch, gespielt wird. Bei der häufigsten Form, dem Korrespondenzschach, werden die Züge schriftlich, meist auf sogenannten Fernschachkarten, mitgeteilt. Die Bedenkzeit beträgt im allgemeinen drei Tage. Die Spieler dürfen Schachliteratur benutzen, sie haben Zeit für gründliche Überlegungen, Vergleiche und Analysen und können daher aus jeder Partie den größten Nutzen in praktischer und theoretischer Hinsicht ziehen.

Das Fernschach war daher niemals nur ein Ersatz, wo am Ort keine geeigneten Partner zur Verfügung standen, sondern es konnte sich dank diesen besonderen Voraussetzungen zu einer eigenständigen Form des Schachspiels entwickeln, die ihre eigenen Verbände und Organisationen hat. Es werden nationale und internationale Turniere und seit 1946 auch Olympiaden und Weltmeisterschaften veranstaltet.

Ein erster Internationaler Fernschachbund wurde 1928 in Berlin gegründet, und heute sind 52 nationale Fernschachorganisationen, darunter der „Bund deutscher Fernschachfreunde“ (BdF), im Weltfernschachbund (ICCF) zusammengefaßt, der mit dem Weltschachbund (FIDE) assoziiert ist. Es gibt sogar den Titel Fernschach-Großmeister, den z. B. 1959 Lothar Schmid erhielt.

Beim 1. ICCF-Weltpokalturnier 1968 beteiligten sich 1921 Spieler aus 42 Nationen, und zum 3. Weltpokalturnier traten 1974 schon 2619 Spieler aus 41 Nationen an. Der erste Städtekampf im Fernschach fand übrigens schon 1824–26 zwischen London und Edinburgh, der erste telegrafische Wettkampf 1844 zwischen Baltimore und Washington statt.

Die modernste Fernschachpartie wurde 1970 beim Rekordflug von Sojus 9 zwischen der 141.

und der 144. Erdumkreisung ausgetragen. Die beiden Raumfahrer Nikolajew und Sebastjanow spielten gegen die Bodenstation Bajkonur. Die Partie dauerte mit Unterbrechungen zwei Stunden und ging unentschieden aus.

Daß das Fernschach auch seine Tücken haben kann, zeigt eine SPIEGEL-Notiz vom 23. 2. 1976, derzufolge das Amtsgericht Schwabach einem inhaftierten Wehrdienstverweigerer Post von einem Korrespondenzschachpartner mit folgender Begründung vorenthielt: „Die Postkarte ... wird angehalten, da sie eine mehrzeilige Reihe von Buchstaben-Zahlenkombinationen enthält, die zwar die Aufstellung einer Spielsituation des Schachspiels sein soll, von der aber nicht ausgeschlossen werden kann, daß sie zur Übermittlung verschlüsselter Informationen dient."

Den Verdacht einer amerikanischen Behörde erregte aber schon in den neunziger Jahren des vorigen Jahrhunderts Steinitz, der eine telegrafische Fernpartie gegen Tschigorin spielte. Der Meister, dessen Äußeres allerdings nicht sehr vertrauenerweckend war, wurde für einen Spion gehalten, als er seine ersten „verschlüsselten" Telegramme aufgab, und vorsichtshalber verhaftet – wenn auch kurz darauf wieder freigelassen.

✦

Die Fesselung

auch Bindung genannt, besteht darin, daß ein Stein am Ziehen gehindert wird, weil bei seinem Fortgang dem König Schach geboten oder eine andere Figur geschlagen werden kann. Für die Spielpraxis erweist sich eine Einteilung als sehr brauchbar, die von dem deutschen Meister Kurt Richter stammt.

Richter unterschied zwischen einer echten, einer fast echten und einer unechten Fesselung.

Bei der echten Fesselung steht beispielsweise ein Springer als gefesselte Figur zwischen dem eigenen König und einem feindlichen Turm. Er kann auf keinen Fall ziehen. Bei der fast echten Fesselung steht z. B. ein Turm zwischen dem König und dem gegnerischen Turm. Die fesselnde Figur kann also geschlagen werden. Ein Beispiel für eine unechte Fesselung wäre ein Turm, der die Dame gegen einen feindlichen Läufer deckt. Der gefesselte Turm kann zwar ziehen, aber die Dame ist verloren, sofern der abziehende Turm nicht seinerzeits eine gefährliche Situation schafft und beispielsweise Schach bietet.

✦

Figuren

nennt man laienhaft, aber auch im kunsthistorischen Sinne, etwa wenn man von Material und künstlerischer Gestaltung spricht, alles, was auf dem Schachbrett steht. Für den Schachspieler, das heißt im strengen technischen Sinne, lautet der Sammelbegriff Steine, und Figuren sind nur die Steine, die keine Bauern sind. Man unterscheidet zwischen Leichtfiguren oder Offizieren (Springer

und Läufer) und Schwerfiguren (Dame und Turm).

Für die Figuren gilt in noch höherem Maße als für die Schachbretter, daß sie die ganze Kunstgeschichte bis zur abstrakten Kunst widerspiegeln. Zu allen Zeiten haben Künstler und Kunsthandwerker im Stile und nach den Vorstellungen ihrer Zeit Figuren aus Holz, Elfenbein, Metallen, Stein, Keramik, Glas und Porzellan angefertigt und individuell gestaltet.

Für den Historiker sind die Figuren, von ihrem künstlerischen Wert abgesehen, aus zwei Gründen interessant: Einmal ermöglichen sie es ihm, die Ausbreitung des Schachspiels zu studieren. Wir besitzen heute in privaten Sammlungen und Museen Figuren vom 8. Jh. an (aus dem arabischen Raum). Ausgrabungen in der Gegend von Stettin und Kolberg förderten Figuren aus dem 10. Jh. zu Tage, aus Ruthenien kennen wir Figuren aus dem 11. und 12. Jh., und ebenfalls aus dem 12. Jh. stammen sehr schöne Figuren, die man auf der Hebriden-Insel Lewis fand – um nur einige Beispiele aus früher Zeit zu nennen.

Zum andern sind die Figuren für den Historiker von Interesse, weil sie – gleich ob König oder Bauer – das Gewand ihrer Zeit und ihres Herkunftslandes tragen und oft auch zeitgenössische (oder weiter zurückliegende, aber dem Geist ihrer Zeit anverwandelte) historische Ereignisse wider-

spiegeln und ein Stück Kulturgeschichte darstellen. In einem Schachspiel aus Österreich aus dem 18. Jh. kämpfen Österreicher gegen Türken, und in einem anderen vom Beginn des 19. Jhs. stehen sich in Gestalt bemalter Porzellanfiguren napoleonische und russische Soldaten gegenüber. Beide Spiele stehen im Germanischen Nationalmuseum in Nürnberg.

Ein hübsches Beispiel für eine volkstümliche Ausdeutung der Figuren ist der 1898 von dem Steirer Rupert Griessl geschnitzte und im Österreichischen Museum für Volkskunde in Wien aufbewahrte Schachfigurensatz, bei dem z. B. König und Dame als Wirt und Wirtin und die Bauern als Dorfmusikanten dargestellt sind.

Wie weit sind sehr frei gestaltete Figuren von praktischem Wert für den Spieler? Darüber entscheidet selbstverständlich die Gewöhnung, aber eine zweifellos recht zutreffende Überlegung stellt Schopenhauer in seinen „Parerga und Paralipomena" an. Er spricht von Leuten mit genialem und solchen mit gewöhnlichem Intellekt und sagt dann: „Man kann beide vergleichen mit zwei Schachspielern, denen man, in einem fremden Hause, echt chinesische, überaus schön und künstlich gearbeitete Schachfiguren vorgesetzt hätte. Der eine verliert, weil die Betrachtung der Figuren ihn stets abzieht und zerstreut, der andere, ohne Interesse für so etwas, sieht in ihnen bloße Schachfiguren und gewinnt."

✦

Fischer

„Würden Sie sich für den größten Spieler halten, den es je gegeben hat, auch für besser als, sagen wir, Capablanca, Steinitz oder Morphy?"

Auf diese Frage des Journalisten Ralph Ginz-

burg antwortete Fischer: „Ich sehe so etwas ja nicht gern gedruckt, denn es klingt so egoistisch, aber um Ihre Frage zu beantworten: Ja!" (Er steht mit dieser Einschätzung nicht ganz allein da.)

Robert James (Bobby) Fischer wurde am 9. März 1943 in Chicago geboren. Er erlernte das Schachspiel mit sechs Jahren. Alle anderen Spiele einschließlich Chinaschach waren ihm zu leicht. Er spielte mit seiner älteren Schwester, mit den Jungen in der Nachbarschaft. Bald gab es für ihn nichts anderes mehr. „*Bitte,* das ist eine Schachpartie!" rief er, wenn es um ihn her zu laut zuging. „Als ich elf war, spielte ich gerade erst so leidlich", sagte er später, und tatsächlich war er, verglichen mit anderen, kein Wunderkind. Aber mit 18 Jahren erklärte er: „Es gibt keinen lebenden Menschen, den ich nicht schlagen kann."

Die wesentlichen Etappen seiner Schachkarriere, die mit dem Sieg über Spasski im WM-Kampf 1972 ihren vorläufigen Abschluß fand, sind im historischen Rückblick beschrieben worden. Sie tragen, für sich betrachtet, wenig dazu bei, Fischer zu begreifen, diesen Mann, der in der Schachwelt und von Laien ebensosehr bewundert wie verabscheut wird. Er ist der größte Exzentriker unter den Schachspielern, ein Irrer, sagen die einen, ein Genie die andern; ein Mann voller Allüren und Widersprüche jedenfalls.

Der „schüchterne, verschlossene, mißtrauische Junge" *(Time)* haßte die Schule, die er für völlig nutzlos hielt und nicht abschloß. Er las – und liest – lieber Comics als ernsthafte Literatur, von der Bibel abgesehen, aber er lernte binnen kürzester Zeit Russisch, um die russische Fachliteratur lesen zu können (die die Hälfte seiner Schachbibliothek ausmacht). Er kämpfte besessen von Turnier zu Turnier, aber aus dem Interzonenturnier in Sousse zog er sich, obwohl er eindeutig führte, zurück, weil die Turnierleitung seine Forderungen nicht erfüllte. „Endlich bringen die Vereinigten Staaten ihr größtes Schachgenie hervor, und dann zeigt es sich, daß es auch nur ein eigensinniger kleiner Junge ist", hieß es in *Chess Life.*

Der von den Gegnern gefürchtete Fischer – die „Fischer-Angst" ist zum Begriff geworden – besitzt ein phänomenales Schachwissen und -können. Er spielt relativ orthodox, ja er ist geradezu ein „Klassiker", aber „es hat", wie David Spanier in der *Times* schrieb, „in der Geschichte des Schachs niemals einen Meister gegeben, der so konsequent aggressiv gespielt hätte wie Fischer", und er selbst soll gesagt haben: „Schach ist geistiges Catch-as-catch-can, bei dem sich nur der Brutale durchsetzen kann." Aus Island berichtete Mary Kenny 1972 für den *Evening Standard* über „Bobbys mörderischen Plan zur psychologischen Vernichtung Spasskis, seine Strategie, den Russen zu zermürben, bis er nur noch ein Bündel zerfaserter Nerven und unerträglicher Spannung ist, um ihm dann, wie eine Viper zustoßend, den Tod geben zu können".

Und man fragt sich, ob wirklich noch vom Schachspiel die Rede ist, wenn man liest, was Harold Schonberg am 3. 9. 1972 im *New York Times Magazine* schrieb: „Es ist schwer, diese Aura Fischers zu beschreiben, aber sie ist da, greifbar in ihrer Gegenwärtigkeit, und sie reicht über das Brett hinüber und hüllt den Gegner ein, ja sie reicht über die Bühne hinaus und packt das Publikum. Es ist die schonungslose, monomane, unbarmherzige Aura eines Killers."

Es gehört zu den unbegreiflichen Wesenszügen Fischers, daß er – dem Schach das Leben bedeutet und der stets die höchsten finanziellen Forderungen stellte – nach Reykjavik darauf verzichtete, Kapital aus seinem WM-Titel zu schlagen, und sich nach Pasadena zurückzog, an den Sitz der „Worldwide Church of God", deren puritanischen Vorschriften er sich, mit einigen Ausnahmen, unterwarf und an die er 20 Prozent seines Einkommens abführte. Lange hielt es ihn dort freilich nicht. Er wandte sich bald wieder dem Schachstudium zu, trat aber seither nicht mehr im Wettkampf oder Turnier in Erscheinung. Niemand weiß, was man von ihm noch zu erwarten hat.

✦

Fitness

„Die besten Schachpartien werden morgens nach einer ausgedehnten Nachtruhe gespielt", schrieb Karl Przygodda im Schachtaschenjahrbuch 1953.

Das moderne Leistungsschach verlangt als echter Kampfsport nicht nur geistige, sondern auch körperliche Fitness, und die Abhängigkeit der geistigen Frische, der Konzentrationsfähigkeit und Ausdauer vom körperlichen Wohlbefinden zeigt sich selten so deutlich wie bei der Schachpartie, die höchste Anforderungen in nervlicher und physiologischer Hinsicht (von der psychologischen ganz zu schweigen) stellt, denn der Gegner nützt jeden noch so kurzen Leistungsabfall erbarmungslos aus.

Bei Turnierspielen wird ein Ansteigen des Blutdrucks gemessen, das so bedenkliche Formen annehmen kann, daß Hochdruckkranken vom Leistungsschach abgeraten werden muß. Der Holländer Olland starb in einem Turnier an Herzversagen, und der Rumäne Szabo erlitt einen Herzschlag bei der bloßen Analyse einer Turnierpartie.

Der Spieler, der stundenlang unbeweglich in der Ecke eines verrauchten Cafés hockt und Partie um Partie spielt, kann heute weniger denn je als der Prototyp des erfolgreichen Spielers gelten. Fischer und Spasski sind ausgezeichnete Leichtathleten und Tennisspieler, Jacques Mieses, der das hohe Alter von 89 Jahren erreichte, war ein leidenschaftlicher Schwimmer, und Goldberg war nicht nur Schach-, sondern auch Tennismeister – wie Paul Keres, der einige Male im Tennisfinale Estlands spielte. Als sich Petrosjan auf den WM-Kampf gegen Botwinnik vorbereitete, lief er täglich drei Stunden Ski.

Viele Meister treten nicht ohne vorherige ärztliche Untersuchung zum Wettkampf an, und der Deutsche Schachbund empfiehlt seinen Mitgliedern ein regelmäßiges Fitness-Training.

✦

Frauen und Schach

Diese Überschrift entspricht nicht ganz dem Brauch: „Frauenschach“ sagt man üblicherweise, so als handelte es sich um eine besondere Variante, eine weniger schwierige vielleicht, die der „naturbedingten Unfähigkeit der Frau, in den Geist dieses Spiels einzudringen", angemessen ist. Das Zitat stammt aus Wilhelm Junks „Philosophie des Schachs", die allerdings schon 1918 erschien. Seither hat sich zu viel geändert, als daß man an der Mär von der naturgegebenen geistigen Unterlegenheit der Frau – am Schachbrett und anderswo – noch festhalten könnte.

Wenn eine Lise Meitner imstande war, die theoretische Erklärung für die Kernspaltung zu finden, darf man getrost annehmen, daß sich andere begabte Frauen auch auf dem Schachbrett zurechtfinden können. Sie haben es bewiesen, und sie spielen nicht nur unter sich, von Häkelmustern plaudernd, wie man einmal witzelte.

Die Diskriminierung der Frau hatte im Schach die gleichen Ursachen wie auf anderen Gebieten. Das Schachspiel wurde mit der Entwicklung der Theorie in der Neuzeit zur Wissenschaft, und jede Art von Wissenschaft war der bildungsmäßig von Kindheit an benachteiligten Frau lange Zeit verschlossen. Die Schach spielende Frau konnte, ja durfte nur Dilettantin sein.

Spricht man der Frau heute die geistigen Fähigkeiten kaum noch ab, so kommt man ihr psychologisch. Unter dem Titel „Frauen opfern keinen Bauern für den Sieg" brachte die Wiener Kronen-

zeitung vom 23. 1. 1978 eine Äußerung des deutschen Schachexperten Dr. Bachl, der meint, Frauen seien kaum bereit, strategische Figurenopfer zu bringen: „Frauen hüten die Figuren wie ihre eigenen Kinder, sie haben eine andere Beziehung zu ihnen als männliche Spieler. Daher bringen sie es selten zu wahrer Meisterschaft . . ."

Keine der für das Schachspiel nötigen Gaben und Fähigkeiten ist nach den neueren Erkenntnissen der Psychologie spezifisch männlich – auch nicht Aggressivität. Der Mann schlechthin ist ebensowenig zum Schachmeister prädestiniert wie die Frau. Auch er „bringt es selten zu wahrer Meisterschaft". Er hat es nur öfter versucht, das heißt die Männer haben in der Schachwelt ein unverhältnismäßig großes numerisches Übergewicht. Wie sieht es mit dem „Frauenschach" in der Praxis aus?

Nationale Damenturniere wurden seit 1866, internationale seit 1897 gelegentlich veranstaltet. Die erste Damenweltmeisterin wurde 1927 die in England lebende Tschechin Vera Menchik. In den dreißiger Jahren gründeten Meister wie Aljechin, Tartakower, Euwe und Nimzowitsch scherzhalber den „Miss-Menchik-Klub", dem alle beitreten sollten, die von Vera Menchik geschlagen wurden. Exweltmeister Euwe, um nur einen zu nennen, durfte sich in die Mitgliederliste eintragen.

Die Zahl der Schach spielenden Frauen hat seither stetig zugenommen, wenngleich auf hundert Spieler immer noch nur eine Frau kommt. Seit 1949 werden regelmäßig WM-Turniere veranstaltet, und bezeichnenderweise stellt das Land, in dem das Schachspiel am intensivsten gefördert wird und das auch den Frauen die größte Chance gibt, die UdSSR, seither sämtliche Weltmeisterinnen: Ludmilla Rudenko (1949–1953), Jelisaweta Bykowa (1953–1956 und 1958–1962), Olga Rubtsowa (1956–1957) und Nona Gaprindaschwili (seit 1962).

Die Gabel

„So zieh' ich in die Gabel“, sagt in Lessings *Nathan der Weise* Sittah überm Schachbrett zu ihrem Bruder Saladin – ein Beispiel dafür, daß so mancher dem Schachspieler geläufige Fachausdruck schon ein ehrwürdiges Alter hat.

Gabel nennt man die gleichzeitige Bedrohung zweier Steine durch einen einzigen, meist durch einen Bauern oder Springer, so daß nur ein Stein gerettet werden kann, sofern es nicht möglich ist, den angreifenden Stein zu schlagen.

Der Anfänger wird leicht das Opfer einer tückischen Springergabel, und zwar der sogenannten „großen Gabel“: Ein Springer bietet dem König Schach und bedroht zugleich die Dame, die unrettbar verloren ist, da mit dem Antwortzug der König bewegt werden muß. Früher sagte man in diesem Falle „Schach-Gardez!“, und zu Lessings Zeiten sprach man von einem Abschach. „Nun freilich, dieses Abschach hab' ich nicht gesehn, das meine Königin zugleich mit niederwirft“, sagt Sultan Saladin in der oben zitierten Schachpartie.

Bei der „kleinen Gabel“ greift ein Springer zwei Türme oder die Dame und einen Turm gleichzeitig an, und eine besonders gefürchtete erweiterte Form der Springergabel verbirgt sich hinter dem scheinbar gemütlichen Ausdruck „Familienschach“. Gemeint ist eine gleichzeitige Bedrohung von König, Dame und Turm, also gleichsam der ganzen Familie.

✦

Das Gambit

ist eine Eröffnung, bei der man es darauf anlegt, dem Gegner ein Bein zu stellen (italienisch: dare il *gambetto).* Der Begriff ist seit dem 16. Jh. bekannt.

Das Prinzip des Gambits besteht darin, in der Eröffnung einen Bauern zu opfern, das heißt dem Gegner zum Schlagen anzubieten, um dadurch einen Stellungsvorteil oder Tempo zu gewinnen. Der Gegner nimmt, je nach der Taktik, für die er sich entscheidet, das Gambit an oder er lehnt es ab,

so daß man beispielsweise von einem angenommenen Damengambit, einem abgelehnten Evans-Gambit u. ä. spricht. Wie andere Schachausdrücke ist auch Gambit in die Sprache der Politik übernommen worden, immer mit der Bedeutung eines Opfers zur Erlangung eines Vorteils.

✦

Gaprindaschwili

Sie wurde 1941 in Georgien geboren, studierte in Tiflis Sprachen und besuchte die Schachklasse Makagonows, und als sie mit 21 Jahren Weltmeisterin wurde, erschien in der UdSSR ein Parfüm, das ihren Vornamen trug: Nona.

Nona Gaprindaschwili stellte eine Reihe von Rekorden auf. Sie erhielt als erste Frau den Titel nicht nur einer Internationalen Meisterin, sondern auch eines Internationalen Meisters; sie ist, was in dieser Anerkennung ihren Ausdruck fand, nach Vera Menchik die erste Frau, die auf internationalen Turnieren mit Erfolg auch gegen starke männliche Gegner, ja sogar Großmeister, kämpft, und sie errang als erste Frau den Titel einer Großmeisterin. Als Sechzehnjährige gewann sie die Damenmeisterschaft von Tiflis, und als sie 1962 die Weltmeisterin Bykowa ablöste, tat sie es mit einem aufsehenerregenden 7:0 bei 4 Remisen. Seither verteidigte sie ihren Titel beinahe mühelos dreimal gegen die gleichaltrige, mittlerweile nach Israel ausgewanderte Alla Kuschnir und einmal gegen Nana Alexandria.

Nona Gaprindaschwili genießt in der UdSSR die Popularität eines Filmstars, was nicht nur auf die allgemeine Schachbegeisterung zurückzuführen ist, sondern auch auf ihre bereits erwähnten Erfolge im Wettkampf mit Männern. „Ihr Spiel besitzt das Quentchen Gift, das im Frauenschach oft fehlt", schreibt Klaus Lindörfer, und als sattelfeste Positionsspielerin widerlegt sie das alte Vorurteil, daß Frauen allenfalls intuitiv und impulsiv zu spielen imstande seien. Die Gaprindaschwili gilt daher heute als Vorkämpferin der Frauenemanzipation im Schach, und auf sie setzen alle jene Frauen ihre Hoffnung, die eine absolute Gleichberechtigung der Frauen im Schach anstreben, das heißt (in einer ferneren Zukunft) die Aufhebung der Unterschiede zwischen „Männerschach" und „Frauenschach".

✦

Gartenschach

oder allgemein Schach im Freien, Freiluftschach, Rasenschach: eine Spielart, die neuerdings wieder immer mehr Anhänger und Förderer findet. Das „Brett" wird in einem Garten oder Park, auf einer Terrasse oder einem Platz angelegt, und die großen, meist recht schweren Figuren müssen von Feld zu Feld getragen werden.

Die Vorzüge dieser Art, Schach zu spielen, sind offensichtlich der Aufenthalt im Freien und die körperliche Bewegung. Ein wirklich interessantes, fruchtbares Spiel kommt wohl selten zustande, da das Brett nicht sehr übersichtlich und die Umgebung der Konzentration nicht sehr förderlich ist. Man spricht sogar von „Rasenschacheröffnungen", um schlechte Eröffnungen zu charakterisieren.

„Rasenschach“ hat aber auch noch eine andere Bedeutung. Man meint mit dieser halb scherzhaften Bezeichnung das Fußballspiel aus der Sicht des Schachs. Mit den Zusammenhängen, ähnlichen Entwicklungen und gemeinsamen strategischen Prinzipien beschäftigt sich Paul Tröger, Schachmeister, Doktor der Philosophie und Chefredakteur eines Fußballmagazins.

✦

Großmeisterremis

Bei Turnieren kommt es nicht selten vor, daß Meister – und vor allem eben Großmeister – unter sich ein Remis vereinbaren, im wesentlichen um sich für die Partien gegen andere wichtige Teilnehmer zu schonen. So warf Bobby Fischer – zu Recht oder zu Unrecht – den sowjetischen Großmeistern vor, ständig zu remisieren, um mit unverbrauchter Kraft gegen die nichtrussischen Turnierteilnehmer antreten zu können.

Daß ein Turnier durch solche Abmachungen an Sportlichkeit und Spannung verliert, versteht sich von selbst, und der Weltschachbund erließ daher 1929 eine Bestimmung, derzufolge ein Remis erst nach 30 Zügen vereinbart werden durfte. Sie hatte praktisch keinen Erfolg und wurde daher 1952 aufgehoben. Nachdem man sie 1962, übrigens auf Drängen Fischers, wieder eingeführt hatte, wurde sie schließlich 1964 endgültig aufgegeben.

Der erste, der die neue Regel nach ihrer Wiedereinführung brach, war Fischer selbst. Er machte gegen den DDR-Großmeister Uhlmann nach 19 Zügen ein Remis und erklärte, dergleichen Regeln seien ja „nur für die kommunistischen Betrüger, nicht für mich“.

✦

Die Irrsinnige Partie

Die Schachliteratur kennt eine Reihe von „Unsterblichen“ Partien, die „Immergrüne“, die 1853 zwischen Anderssen und Dufresne ausgetragen wurde, die 1935 von Aljechin und Euwe gespielte „Perle von Zandvoort“, „Steinitz’ Juwel“ und andere Kostbarkeiten mehr. Die Irsinnige, nach dem Willen ihres Urhebers „Endons Offensive“ oder „Zweispringerspott“ genannt, scheint in keinem Lehrbuch und in keiner Partiensammlung auf. Sie verbirgt sich, vollständig notiert, im 11. Kapitel von Samuel Becketts Roman *Murphy* und wird allen Feinschmeckern zum Nachspiel empfohlen, die nach ein wenig Humor auf dem Schachbrett forschen.

Genial ist allein schon die Eröffnung, die bis heute einer gründlichen Analyse harrt. Nach einer Endon-Variante der Aljechin-Verteidigung, einem munteren Galopp aller vier Springer und einigen listigen Turmzügen ist nach dem 9. Zug auf beiden Seiten die Ausgangsposition zu einer halboffenen Partie (e2–e4; e7–e6) wiederhergestellt, die nach 43 Zügen mit der Niederlage von Weiß endet. Die tiefsinnigen Kommentare erhöhen den pädagogischen Wert dieser brillanten Partie. Sie seien auszugsweise wiedergegeben:

a) Mr. Endon nahm immer die schwarzen Steine. Wenn man ihm die weißen vorsetzte, verfiel er, ohne das geringste Zeichen von Verdruß, in einen leichten Stumpfsinn.

l) Hohes Lob gebührt den Weißen für die Beharrlichkeit, mit der sie kämpfen, um eine Figur zu verlieren.

m) In diesem Augenblick legt Mr. Endon, ohne überhaupt *j'adoube* zu sagen, seinen König und seinen Damenturm um, die für den Rest der Partie diese Stellung beibehalten.

p) Worte vermögen die Seelenqualen nicht auszudrücken, die Weiß zu dieser gemeinen Offensive verleiteten.

r) Es wäre vermessen und ärgerlich, noch beharren zu wollen, und Murphy gibt auf.

✦

Jargon

Unter Jargon versteht man die Sondersprache einer Berufsgruppe oder Gesellschaftsschicht, und die wichtigsten Ausdrücke der „Sondersprache" der Schachspieler sind in diesem Alphabet einzeln nachzuschlagen. Unberücksichtigt blieben solche, die keiner ausführlichen Erläuterung bedürfen, und einige der wichtigsten sollen im folgenden kurz erwähnt werden:

Eine besonders elegante, geistreiche, dynamische Partie ist eine Glanzpartie. Das Gegenteil davon, eine trockene, mechanische, ist eine Schablone, und ein verwegens Spiel ohne rechten Aufbau nennt man Wildwestschach. Ein schlechter Spieler ist ein Patzer, und derselbe Ausdruck bezeichnet auch einen schlechten Zug. Ein nicht regelrecht verpatzter, aber auch nicht guter oder starker, ist dann eben ein schwacher Zug. Wer ohne jeden Plan spielt, schwimmt.

Übersieht ein Spieler einen vorteilhaften Zug, der sich ihm förmlich aufdrängte, oder begeht er einen unerklärlichen Fehler, so spricht man von Schachblindheit. Ein unerklärlicher Patzer, ein völlig unsinniger Zug kann aber auch ein Fingerfehler sein: Der Spieler vergreift sich regelrecht, das heißt, die Finger machen einen anderen Zug als den vorgesehenen – zum Beispiel den vorausgeplanten übernächsten zuerst.

Wer scharf spielt, setzt gewissermaßen alles auf eine Karte, und ein scharfer Zug schafft eine überraschend neue Situation. Ein Zug, der keinem offen erkennbaren Zweck dient, sondern eine nicht durchschaubare Absicht verfolgt, ist ein stiller Zug. (Er ist so still, daß er leicht übersehen wird.)

Ist ein angegriffener Stein nicht gedeckt, so sagt man, er hängt oder steht ein oder er ist oder steht *en prise*, und wer einen Stein dem Gegner ungedeckt zum Schlagen anbietet, der stellt ihn ein.

Möglicherweise ist so ein eingestellter Stein aber vergiftet: Für den Gegner bedeutet die Annahme des Opfers den Verlust der Partie.

✦

K

Die Kaffeehauspartie

In den wenigen echten Kaffeehäusern, die es heute noch gibt, findet man noch Überreste des früher weit verbreiteten Brauchs, im Kaffeehaus Schach zu spielen, oft an eigens für Schachspieler reservierten Tischen.

„Kaffeehauspartie“ hat aber heute eine besondere Bedeutung angenommen. Man versteht darunter jede freie, das heißt nicht wettkampf- oder turniermäßig ausgetragene Partie, und in dem Ausdruck schwingt eine Geringschätzung mit, die nicht gerechtfertigt ist. Gewiß wurde und wird in Kaffeehäusern (wie anderswo) auch herzlich schlecht gespielt, aber in Cafés wie dem „Régence“

in Paris, dem „Old Slaughter“ oder dem „Chess Divan“ in London, dem „Rebhuhn“ und dem „Central“ in Wien und vielen anderen wurde Schachgeschichte gemacht, wie in anderen Cafés Literaturgeschichte gemacht wurde. Der Kaffee, der beim Spiel genossen wurde, mag sein Teil dazu beigetragen haben. „Potente Gehirne nähren sich von Alkaloiden“, sagte Gottfried Benn, der es als Arzt wissen mußte. So besehen, könnte ein Anfänger seinen Ehrgeiz darein setzen, recht bald eine richtige „Kaffeehauspartie“ zustande zu bringen.

✦

Karpow

Der seit 1975 amtierende Weltmeister, der 1978 auf den Philippinen seinen Titel erfolgreich gegen Kortschnoj verteidigte, ist offiziell Student der Betriebswirtschaft, tatsächlich aber Berufsspieler, der verhätschelte sowjetische Staatsamateur *par excellence*. Der „Musterproletarier“, wie Kortschnoj ihn nannte, bezieht vom Staat die für einen Proletarier recht beachtliche Jahrespension von umgerechnet DM 40.000.– und rollt in einem Mercedes 350 SL durch Moskau, den er 1977 von einer Deutschland-Tournee mitbrachte. Sein Hobby ist das Briefmarkensammeln.

Anatolij Jewgenjewitsch Karpow wurde 1951 in Leningrad geboren. Mit 18 Jahren wurde er Jugendweltmeister, ein Jahr später, 1970, Großmeister. Von diesem Augenblick an erlebte er, von hervorragenden Trainern betreut, einen steilen Aufstieg, der ihn binnen kürzester Zeit in das Kandidatenfinale für die Weltmeisterschaft führte, das er gegen Kortschnoj gewann, worauf er 1975 den von Fischer nicht verteidigten WM-Titel zugesprochen erhielt.

Karpow wurde 1974 in der UdSSR zum Sportler des Jahres nach der Kunstturnerin Ludmilla Turischtschewa gewählt. Schachjournalisten aus 23 Ländern verliehen ihm den Schach-Oscar, und 1975 wurde in seiner Heimatstadt Leningrad ein Dokumentarfilm über ihn gedreht. Trotz seines Starruhms ist Karpow eher schüchtern und von einer Bescheidenheit, die zweifellos zu seiner Beliebtheit beiträgt. Im Jahre 1977 spielte er im Fernsehen eine Fernschachpartie gegen alle Schachfreunde der BRD. „Schach dem Weltmeister", hieß die Sendung, für die Karpows Züge Woche für Woche in Moskau gefilmt und von Hamburg aus ausgestrahlt wurden. Der jeweils am häufigsten von den Zuschauern eingesandte Antwortzug wurde Karpow mitgeteilt. Die Partie endete nach 42 Zügen unentschieden.

Wenn Karpow ein „Muster" genannt werden kann, so ist er das Muster eines arbeitsamen, nüchternen, ganz an seinen Beruf hingegebenen Schachspielers. Er kennt keine Allüren und er hat nichts Genialisches, er ist, mit einem Wort, das genaue Gegenteil eines Bobby Fischer. Sein Spiel ist wie sein Leben: unauffällig, ohne große Effekte, ohne grelle Glanzlichter. Man rühmt seine Geduld, seine eisernen Nerven, seine Fähigkeit, korrekt, nahezu fehlerlos zu spielen, mit einer Klarheit – und „Unschlagbarkeit" –, die manche an Capablanca erinnert, mit dem er im Leben freilich nichts gemein hat. Ein weiterer Vorzug ist seine ausgezeichnete Kondition. Und seine Jugend.

Wer immer der nächste Herausforderer Karpows sein wird, eines können ihm die Fachleute heute schon voraussagen: Er wird gegen einen so disziplinierten und so systematisch an sich arbeitenden Spieler keinen leichten Stand haben.

✦

Der Kiebitz

ein Störenfried beim Kartenspiel, ist beim Schach ein unerträglicher Plagegeist, der auf keinen Fall geduldet werden sollte.

Vom bloßen Zuschauer unterscheidet sich der typische Kiebitz dadurch, daß er das Spiel beherrscht wie ein Großmeister, den jeweils besten Zug weiß, jeden Patzer augenblicklich zu entdecken glaubt und seltenen Beifall ebenso wie häufigen Unmut durch bedeutungsvolle Blicke, Gebärden, unterdrückte Laute oder gar offenes Dreinreden zu erkennen gibt. (Bezeichnenderweise fällt der Vogel, von dem dieser unangenehme Menschentyp seinen Namen herleitet, nicht durch Neugier auf, wie etwa die Meise, sondern durch seinen durchdringenden Schrei.) Beim Schachspiel sind in der unmittelbaren Umgebung des Brettes nur Zuschauer gestattet, Menschen mit der unbewegten Miene eines Pokerspielers.

Bei Turnieren ist stilles, zurückhaltendes Betragen im Saal selbstverständlich strenge Vorschrift.

✦

Der König

heißt auf persisch Schah, und diesem Umstand verdankt er es, daß er zuletzt dem Schach seinen Namen geben durfte. Auf dem Brett macht er keine sehr gute Figur, und man könnte meinen, ein Republikaner habe ihn erfunden.

Er steht auf der Grundreihe neben der Dame und darf in jeder Richtung einen Schritt tun, freilich nur, sofern er dabei kein Feld betritt, das ein gegnerischer Stein bedroht. Einmal im Laufe der Partie ist ihm eine Rochade erlaubt – sofern er diese Chance nicht durch eine vorzeitige Bewegung verschenkt hat –, und im übrigen hat er seinen Untertanen lediglich voraus, daß er nur mattgesetzt, aber nicht kurzerhand vom Brett geworfen werden kann. Oft steht er lange untätig herum, den Seinen zur Last, die darauf achten müssen, ihn weder zu eng einzuschließen noch zu sehr zu entblößen, und erst spät, im Endspiel kann er sich aufraffen und mit kleinen Schritten großen Taten zustreben.

In historischer Betrachtung gibt der König auch nicht viel her. Er nannte sich König in allen Sprachen und war eben immer ein König. Allenfalls könnte man sagen, daß er früher einmal, bei Indern, Persern und Arabern, bessere Zeiten gesehen hat, als er nämlich im Fers noch einen anhänglichen, weil gehbehinderten Begleiter hatte. Aber wie schon erwähnt: der Fers verwandelte sich in eine unternehmungslustige Dame, die ihm seither in jeder Partie bei der erstbesten Gelegenheit auf und davon geht.

Manche, nicht alle, Psychoanalytiker sehen im König den Vater und im Schach daher den gespielten Vatermord im Zusammenhang mit dem Ödipuskomplex, und es wurde sogar die Theorie

aufgestellt, Frauen spielten zwangsläufig schlechter Schach als Männer, weil ihnen in Ermanglung besagten Komplexes die Vatertötung kein unbewußtes Bedürfnis sei. Ein oft geäußerter Einwand lautet, daß ja der Spieler nicht seinen eigenen „Vater" zu töten bestrebt ist, sondern den gegnerischen. Dazu ist noch zu sagen, daß er den eigenen Vater obendrein mit Hilfe der eigenen Mutter (der Dame) verteidigt, was eher auf ein intaktes Familienleben hinzuweisen scheint. Freilich ist das alles nicht so einfach, aber wenn auch in der Psychoanalyse die manifeste Bedeutung nicht immer der tatsächlichen, latenten, entspricht: sollte man sich nicht vor einer Überinterpretation hüten und sich lieber an den offensichtlichen Sinn des Kampfes gegen den (fremden) König halten? Freud selbst lehnte 1922 das Ansinnen ab, das Schach psychoanalytisch zu deuten.

Eine interessante Betrachtung stellt der englische Autor Peter Fuller an: „Der Schachspieler gleicht Hamlet, der fortwährend auf Königsmord sinnt, aber, auch im Spiel, daran gehindert wird, ihn auszuführen (denn der König wird nicht geschlagen, die Partie ist immer einen Zug vorher zu Ende). Er begnügt sich damit zu beweisen, daß er könnte, wenn er wollte.“

✦

Das königliche Spiel

„Es ist wahr, dies Spiel ist ein Probierstein des Gehirns“, sagt Adelheid im „Götz von Berlichingen“, und Liebetraut gleich darauf: „Sie nennen's ein königlich Spiel und sagen, es sei für einen König erfunden worden.“

Offensichtlich eine Anspielung auf den indischen König der Weizenkornlegende, aber an ihn denken wir kaum noch, wenn wir die Bezeichnung „Königliches Spiel“ verwenden. Das Schach wird nicht nur von seinen begeisterten Anhängern, sondern auch von Laien, die respektvoll die Finger davon lassen, weil sie es für zu schwierig erachten, einfach als der König aller Spiele angesehen, als eine hohe Kunst jedenfalls, der das Attribut „königlich“ zusteht. „Das Schachspiel übertrifft alle anderen Spiele so weit wie der Chimborasso einen Misthaufen“, meinte Schopenhauer.

Historisch gesehen, hat die Bezeichnung aber auch zwei buchstäbliche Bedeutungen. Der König ist die zentrale Figur, und Gustavus Selenus schrieb im 17. Jh. über das „Schach- oder Königs-Spiel“. Und zum andern war das Schach in Europa ursprünglich ein Spiel der Könige, der weltlichen und kirchlichen Fürsten und des Adels allgemein. Nicht nur, weil es in diesen Kreisen zuallererst weitergegeben wurde, sondern auch weil sie allein die Muße hatten, sich ihm zu widmen.

Man soll Zitate nicht aus dem Zusammenhang reißen, und deshalb muß hier nachgetragen werden, daß in der anfangs erwähnten Schachszene im

Ein Ritter.
Holzschnitt aus: Meister Stephans Schachbuch. Lübeck ca. 1490. Hain 4898.

„Götz“ eigentlich etwas recht Unerbauliches zur Sprache kommt, was bei Götz-Zitaten nur zu leicht der Fall sein kann. Liebetraut sagt nämlich: „Dies Spiel spielte ich nicht, wenn ich ein großer Herr wär, und verböt’s am Hofe und im ganzen Land.“ Und dann: „Ich wollte lieber das Geheul der Totenglocke und ominöser Vögel, lieber das Gebell des knurrischen Hofhunds Gewissen, lieber wollt ich sie durch den tiefsten Schlaf hören, als von Laufern, Springern und anderen Bestien das ewige: Schach dem König!“

Doch so betrüblich darf das Stichwort „Königliches Spiel“ nicht enden, und darum soll zuletzt Roda Roda das Wort haben, der die Sache weniger olympisch ansah: „Ich atme die hocharistokratische Atmosphäre des Schachs gern – der arme Hund freut sich, wenigstens hier auf dem Brett Schiebungen vornehmen zu dürfen mit Bischöfen [Läufern], Königen und Damen ... Natürlich spielen wir *pièce touchée* – das heißt, alle Figuren werden angefaßt, ehe wir eine ziehen ...“

✦

Kunstschach

Das Kunst- oder Problemschach geht zurück auf die arabischen Mansuben oder Endspielprobleme, die im abendländischen Schach zunächst übernommen wurden, dann aber eine Zeitlang keine besondere Rolle spielten, bis in der Neuzeit mit der Entwicklung der Schachtheorie auch in Europa das Interesse an Schachaufgaben, Studien und Problemen wieder erwachte. Als Anreger des neueren Kunstschachs gilt der Syrer Philipp Stamma, der 1737 in Paris in seinem *Traité sur le jeu des échecs* eine Sammlung von 100 Endspielen veröffentlichte.

Studien sind komponierte, partiegemäße Endspielstellungen, in denen auch Schwarz noch eine aktive Rolle zufällt – Aufgaben, die nach den im Partieschach geltenden Bedingungen gelöst werden müssen. Die Bedeutung solcher Studien für die Endspiellehre liegt auf der Hand.

Probleme im eigentlichen Sinne, sogenannte Mattaufgaben, haben alle gemeinsam, daß das Matt in einer bestimmten Anzahl von Zügen gefordert wird und daß Weiß stets anzieht und Schwarz eine rein defensive Stellung hat. Je nach der Anzahl der nötigen Züge spricht man von Zweizügern, Dreizügern und so fort. Mit speziellen Problemen abseits der Partiepraxis und zum Teil auch der normalen Regeln und Bedingungen beschäftigt sich das Feen- oder Märchenschach.

Zahllose Meister waren und sind große Problemkomponisten, und das Kunstschach spielt eine wesentliche Rolle im Schachleben. Der Weltschachbund unterhält eine eigene Problem-Kommission, die Meistertitel vergibt, internationale Schiedsrichter ernennt und die Problemschachliteratur fördert und Sammelwerke herausgibt.

Deutschsprachige Problemzeitschriften sind „Die Schwalbe“ und „Feenschach“. Außerdem enthält jede Schachzeitung einen Problemteil, und aus Tageszeitungen kennt auch der Laie die typischen Mattaufgaben: „Weiß zieht und gewinnt in drei Zügen . . .“

Mehr als Kuriosität denn als Problem muß das längste Schachproblem der Welt gelten, das von dem 1939 verstorbenen O. T. Blathy stammt: Weiß setzt matt mit Hilfe eines 16zügigen Manövers, das 17mal nacheinander auszuführen ist.

✦

Das Kurierspiel

Im 14., 15. und 16. Jahrhundert war in Deutschland, Frankreich und den Niederlanden eine Abart des Schachs verbreitet, die nach den mittelalterlichen Regeln auf einem erweiterten Brett mit 12×8 Feldern und zusätzlichen Figuren gespielt wurde. Jeder Spieler erhielt zu den üblichen Steinen noch vier Bauern, einen Berater (den „Mannrath“), einen Nachzügler (den „Schleich“) und vor allem zwei Kuriere, die eine eigene Gangart hatten. Lucas van Leydens bekanntes Gemälde „Die Schachpartie“ stellt, wie ein Blick auf das Brett zeigt, in Wirklichkeit das Kurierspiel dar.

Die Kuriere verliehen dem Spiel eine größere Schnelligkeit und Dynamik, als sie das Schach im 14. Jh. noch besaß, da sie die Diagonalen in ganzer Länge beherrschten, und man nimmt an, daß der

Der Königsbote.
Holzschnitt aus: Meister Stephans Schachbuch. Lübeck

Kurier dem Läufer als Vorbild diente, in den sich der Fil im 15. Jh. verwandelte. Es ist dies der einzige bekannte Fall, in dem eine willkürliche Variante zur Bereicherung des eigentlichen, orthodoxen Schachspiels beitrug.

Eine ganz eigene, dem Kurierspiel ähnliche Schachvariante scheint – zweifellos unfreiwillig oder eben mit der Achtlosigkeit der künstlerischen Freiheit – Henri Matisse erfunden zu haben. In der Eremitage in Leningrad ist ein Ölgemälde mit dem Titel „Familienabend“ zu sehen, auf dem zwei der dargestellten Personen Schach spielen – auf einem Brett mit 11×7 Feldern ...

✦

LaBourdonnais

Sein Großvater zeichnete sich 1724 als Kapitän der französischen Marine bei der Eroberung der Besitzung Mahé an der indischen Malabarküste aus und durfte seinem Namen „Mahé" hinzufügen. Louis-Charles Mahé de LaBourdonnais lautete daher der volle Name des 1797 geborenen Schachmeisters, der als größter Franzose nach Philidor und bis zu seinem Tode im Jahre 1840 als bester Schachspieler der Welt galt und deshalb auf die Liste der inoffiziellen Weltmeister gehört.

LaBourdonnais residierte als fest angestellter Berufsschachspieler im berühmten Café de la Régence in Paris. Er war ein Schüler Deschapelles' und begründete seinen Ruf damit, daß er seinen Lehrmeister 1821 besiegte. Seine besondere Vorliebe galt der Schachliteratur. Im Jahre 1833 veröffentlichte er ein Lehrbuch für Amateure, und er gab die erste Schachzeitung der Welt heraus, die monatlich erschien und „Palamède" hieß – nach demselben legendären König Palamedes, der vor Troja das Schachspiel (und anderswo auch noch das Würfelspiel, die Waage und einiges andere) erfunden haben soll.

In dieser Schachzeitung berichtete LaBourdonnais über seinen Kampf gegen den führenden englischen Meister Alexander MacDonnell, der als ein Schachmarathon ohnegleichen ein „Jahrhundertwettkampf" genannt werden könnte, tatsächlich aber als der „romantische" in die Schachgeschichte einging. Ein halbes Jahr lang kämpften die beiden Meister 1834 im vornehmen Londoner Westminster Club – ohne Einschränkung der Bedenkzeit und mit der einzigen Bedingung, daß der Sieger eben als bester Spieler der Welt gelten solle.

Sie spielten die für eine moderne Weltmeisterschaft unvorstellbare Anzahl von 88 Partien. Das Resultat steht, da nur 85 aufgezeichnet wurden, nicht mehr eindeutig fest. LaBourdonnais gewann 44 Partien und verlor 28 oder 30, die übrigen endeten unentschieden. Bei allen Kämpfen drängte sich das Publikum lärmend und störend um das Brett, und diesem Umstand schrieb ein englischer Beobachter die Niederlage MacDonnells mit der Begründung zu, daß LaBourdonnais sonst in Paris spiele und daher noch größeren Lärm gewohnt sei. Im übrigen machte er selbst nicht wenig Lärm. Er lachte, plauderte mit dem Publikum, erzählte Witze und fluchte ungeniert, wenn ihm etwas gegen den Strich ging.

Tatsächlich siegte LaBourdonnais aber durch seine überlegene Strategie, und sein Spiel wird noch heute bewundert. Er starb 1840, nur 43 Jahre alt.

✦

Länderkämpfe

Dieser Sammelbegriff umfaßt alle internationalen Mannschaftskämpfe wie die Europa-Mannschaftsmeisterschaften, die alle zwei Jahre stattfindenden Schacholympiaden der Damen und Herren und die Mannschaftswettbewerbe um den Claire-Benedict-Pokal, die seit 1956 jährlich ausgetragen werden – zu Ehren der amerikanischen Mäzenin

Claire Benedict (1871–1961), einer Nichte des „Lederstrumpf"-Autors James Fenimore Cooper, die mehrere Schachturniere finanzierte.

✦

Lasker

„Ja, Lasker war von allen Großmeistern, denen ich in den vergangenen 35 Jahren begegnet bin, der Größte", schrieb Max Euwe 1936. Capablanca sagte von ihm: „Er war auch der tiefgründigste, den ich je gekannt habe", und Aljechin: „Die Idee der Schachkunst ist undenkbar ohne Lasker."

Der Mann, der zu solchem Schachruhm aufstieg, Emanuel Lasker, wurde 1868 in der brandenburgischen Stadt Berlinchen als Sohn eines Kantors und Enkel eines Rabbiners geboren. Er besuchte das Gymnasium in Berlin und Landsberg und begann ein Mathematikstudium, das er seiner Armut wegen unterbrechen mußte. Er versuchte sein Glück als Berufsschachspieler und spielte in Berliner Klubs, um sich, wie er selbst berichtete, „einen Kaffee und ein Hörnchen zu verdienen, eine Hoffnung, die sich nicht immer erfüllte".

Zwischen 1889 und 1893 beteiligte er sich mit wechselndem Erfolg an Turnieren in Breslau, Graz, London (wo er auch auf der Weltausstellung in einem Schachpavillon gegen jedermann spielte), Manchester, Dresden und New York. Dann forderte er 1894 den Weltmeister Steinitz und besiegte ihn. Nach weiteren Turniersiegen (unter anderen gewann er 1895/96 in St. Petersburg ein Turnier vor den besten Spielern der Welt: Tschigorin, Pillsbury, Steinitz) konnte er sein Studium beenden und 1902 in Erlangen promovieren. Er schrieb eine Dissertation von hohem wissenschaftlichem Wert („Zur Theorie der Moduln und Ideale") und

hätte seinen Weg zu Ruhm und Anerkennung auch allein als Mathematiker beschreiten können. Die moderne Algebra verdankt ihm das Konzept der Primzahlen-Ideale.

Bis zum Abschluß seines Studiums hatte er den Weltmeistertitel 1896 noch einmal gegen Steinitz behauptet. Danach verteidigte er ihn noch sechsmal: gegen Marshall, Tarrasch (zweimal), Janowski (zweimal) und Schlechter. Erst 1921 mußte er ihn nach der Rekordzeit von 27 Jahren an Capablanca abtreten. In New York gründete er 1904 „Lasker's Chess Magazine", und in der Folge beschäftigte er sich ebensosehr mit Mathematik, Philosophie und literarischen Arbeiten wie mit dem Schach.

Schon 1895 hatte er das Buch „Gesunder Menschenverstand im Schach" veröffentlicht, und 1907 erschien sein Buch „Kampf", mit dem er die „Wissenschaft vom Kampf" begründen wollte. (Später, 1924, schrieb er: „Das Schachspiel, nur ein Theaterkrieg, kann als Sinnbild aller Arten des Kampfes dienen, so z. B. eines Disputs, diplomatischer Unterhandlungen oder eines gerichtlichen Prozesses. Es bereitet uns für das feinere Verständnis der strategischen Gesetze vor und hat, nach meiner Ansicht, eine historische Mission. Es muß die Theorie des Kampfes den breiten Bevölkerungsschichten begreiflich machen.") Er gewann das berühmte Petersburger Turnier von 1914, und 1918 erschienen wieder zwei Bücher: „Philosophie des Unvollendbar" und „Das Begreifen der Welt". Zusammen mit seinem Bruder Berthold, der mit der Dichterin Else Lasker-Schüler verheiratet gewesen war, schrieb er das 1925 in Berlin mit einem Achtungserfolg uraufgeführte Drama „Vom Menschen die Geschichte". Von bleibendem Wert ist sein ebenfalls 1925 erschienenes „Lehrbuch des Schachspiels".

Laskers virtuoses Spiel, das sich grob als eine Verquickung der wissenschaftlichen Methode von Steinitz mit psychologischen Elementen skizzieren läßt, charakterisierte Hans Kmoch treffend mit dem Satz: „Er strebte nicht danach, den objektiv besten Zug zu machen, sondern den für den jeweiligen Gegner unangenehmsten." Etwas ähnliches drückte Réti aus: „Sein Stil ist ein klares Wasser mit einem Tropfen Gift."

Seinen letzten großen Schacherfolg errang er 1935 beim Moskauer Turnier, wo er noch mit 67 Jahren Dritter hinter Botwinnik und Flohr wurde. „Lasker wird in Moskau so begeistert gefeiert wie ein Filmstar", schrieb damals eine Londoner Zeitung. Die Moskauer Akademie der Wissenschaften ernannte ihn zu ihrem Mitglied.

Lasker, der Deutschland 1933 endgültig verlassen und eine Zeitlang in London gelebt hatte, starb 1941 in New York.

✦

Latrunculi

oder Ludus Latrunculorum ist das einzige Brettspiel aus der Zeit vor der Erfindung des Schachs – es war im alten Rom sehr beliebt –, das wirklich eine entfernte Ähnlichkeit mit dem Schachspiel aufweist und daher den Historikern einiges Kopfzerbrechen bereitete. Latrunculus ist die Verkleinerungsform von *latro,* was sowohl Soldat als auch Schurke bedeutete. Man übersetzte daher bald „Soldatenspiel“, bald „Schurkenspiel“.

Jeder Spieler stellte auf quadratischen Feldern zwei Reihen von Figuren, das heißt Soldaten, auf: große, die wie die Dame, und kleine, die wie die Bauern unseres Schachs zogen. Der Sieg wurde durch Schlagen sämtlicher Figuren des Gegners herbeigeführt, und geschlagen wurde durch Überspringen der Figur wie beim Damespiel, im Gegensatz zu diesem aber nicht nur auf den Diagonalen. Eine primitive Frühform des Schachs konnte man in diesem Spiel nur sehen, solange man noch nicht genug über das eigentliche Urschach wußte. Heute steht fest, daß die oberflächliche Ähnlichkeit auf reinem Zufall beruht.

✦

Der Läufer

Jede Partei hat zwei Läufer, von denen der eine auf einem schwarzen und der andere auf einem weißen Feld steht. Sie ziehen beliebig weit in der Diagonalen und bleiben daher immer auf ihrer Farbe. Ihre größte Kampfkraft entfalten sie im geschickten Zusammenspiel. Daß jeder Spieler bestrebt sein wird, die Läufer so rasch wie möglich in Aktion zu setzen und ihnen die Diagonalen freizumachen, liegt auf der Hand. Ein Läufer, der keinen Bewegungsraum hat, so daß er nicht mehr auszurichten vermag als ein Bauer, wird treffend als „Großbauer“ bezeichnet.

Historisch gesehen ist der Läufer ein Beispiel für eine auf Irrtümern und Mißverständnissen beruhende Entwicklung. Er war im indischen Tschaturanga ein Elefant und wurde als solcher von den Persern und Arabern übernommen. Dann aber blieb er nur in Rußland ein Elefant (dem Namen, wenn schon nicht dem Bilde nach). Im westlichen Europa trat er nur vereinzelt noch eine Zeitlang als Elefant auf, dann vergaß man die ursprüngliche Gestalt und Bedeutung der Figur.

Pil

Die Schachfiguren der Araber waren keine Abbilder, die nach dem Gesetz Mohammeds verboten waren, sondern symbolische Darstellungen, und der Elefant wurde durch seine mit den Krümmungen gegeneinander gekehrten Stoßzähne versinnbildlicht. In Frankreich deutete man diese Darstellung als eine Narrenkappe und nannte die Figur *fou* (Narr), und so heißt sie heute noch. Die Engländer sahen in derselben Darstellung eine Bischofsmütze und nannten und nennen den Läufer *bishop*. Daher ist das heute international gebräuchliche Symbol für den Läufer eine Bischofsmütze. Die arabische Benennung ist heute noch in Spanien *(alfil)* und Italien *(alfiere)* erhalten, während der Läufer in Portugal wie in England als Bischof *(bispo)* gesehen wird.

Heute sieht der Läufer ungeachtet der unterschiedlichen Benennungen überall mehr oder minder gleich aus, aber bei der Betrachtung älterer Spiele aus verschiedenen Ländern und Zeiten zeigt sich der bemerkenswerte Umstand, daß die gleiche Figur als Elefant mit oder ohne Turm oder auch Reiter auf dem Rücken, als Narr mit Schellenkappe, als Läufer (Bote) und schließlich sogar als Bischof in vollem Ornat und mit Krummstab in Erscheinung tritt. Ein solches „Repertoire“ hat keine andere Schachfigur aufzuweisen.

Lebendes Schach

Schach als Schauspiel, von als Schachfiguren gekleideten oder gekennzeichneten Menschen auf Plätzen oder in Sälen oder Parks aufgeführt – ein im buchstäblichen Sinne „königliches“, nämlich von Monarchen gepflogenes oder für sie veranstaltetes Spiel. Die Figuren wurden entweder von den erhöht postierten Spielern direkt durch Zurufe dirigiert, oder die Partner saßen einander an kleinen Brettern gegenüber, und ein Ausrufer oder Herold gab die Züge bekannt, die von den lebenden Figuren nachvollzogen wurden.

Die früheste literarische Erwähnung findet sich

bei Rabelais, der in „Gargantua und Pantagruel“ lebende Schachpartien am Hofe der Madame Quinta Essentia schilderte, und die ältesten historischen Aufzeichnungen weisen auf den Beginn des 16. Jhs. Aus früherer Zeit haben nur Gerüchte überlebt. So soll Sultan Muhammed I. im 15. Jh. lebendes Schach in der Weise gespielt haben, daß er die geschlagenen Figuren augenblicklich dem Henker übergab.

Ein besonders schönes Beispiel für ein auf alter Überlieferung beruhendes lebendes Schachspiel liefert das italienische Städtchen Marostica bei Vicenza im Veneto. Dort kämpften 1554 zwei junge Edelleute um Eleonora, die schöne Tochter des Statthalters – nicht mit dem Degen, sondern auf dem Schachbrett. Damit das ganze Städtchen das Duell verfolgen konnte, wurde die Partie von lebenden Figuren auf der Piazza ausagiert. Der mit dem Ausgang der Partie zufriedene Vater verfügte, daß sie alle hundert Jahre wiederholt werden sollte. Tatsächlich wird in Marostica aber seit einiger Zeit alljährlich in historischen Kostümen auf der Piazza Schach gespielt.

Lebendes Schach als echtes Partieschach ist heute nicht mehr üblich, wohl in Ermangelung gekrönter Häupter, die es sich leisten können, 32 Untertanen zum bloßen Zeitvertreib auf einem Riesenschachbrett herumspazieren zu lassen, aber gelegentliche Aufführungen im historischen Gewand zur Erinnerung an alte Traditionen oder geschichtliche Ereignisse findet man noch in vielen Städten und Ländern einschließlich Chinas.

✦

Liebe und Schach

Die Liebe scheint im heutigen Schachleistungssport ebensowenig zu suchen zu haben wie in jeder anderen Sportart: das heißt, sie kann sich allenfalls störend bemerkbar machen, wie das Beispiel des siebzehnjährigen Bobby Fischer zeigt, der sich 1960 beim Turnier in Buenos Aires mit dem 16. Platz bescheiden mußte, weil er verliebt war. Die Dame auf dem Brett duldet offenbar keine Nebenbuhlerin, und der Schachspieler, sagt man, soll Venus ebenso meiden wie Bacchus.

Psychologen glauben überdies beobachten zu können, daß große Schachspieler ein gestörtes Verhältnis zu Frauen haben, aber bei der Beurteilung dieser Frage spielt vielleicht auch der Wandel der Sitten und Anschauungen eine Rolle. Für den überzeugten Monogamen hat nicht nur der Gehemmte, sondern auch ein Don Juan wie Capablanca ein gestörtes Verhältnis zu Frauen, während andere, die nicht dieser vom Aussterben bedrohten Spezies angehören, dem Kubaner eher ein besonders glückliches bescheinigen würden. Und vollends ungeklärt ist in Anbetracht der Vielfalt der Temperamente noch das Problem, ob das Schachspiel Liebende vereint oder entzweit.

In früheren, weniger grimmig-ernsten Zeiten bestand zwischen Schach und Liebe eine innige Beziehung. In den arabischen Ländern, aber auch an den europäischen Höfen des Mittelalters spielten die Damen mit ihren Verehrern Schach, und es gab eine regelrechte Schachsprache der Verliebten. Durch bestimmte Züge deutete die Dame an, ob sie geneigt war, die Werbung des Mannes zu erhören. Und jungen Mädchen empfahl man, das Schachspiel zu erlernen, weil es eine gesellschaftlich sanktionierte Möglichkeit bot, mit einem Mann unter vier Augen beisammen zu sein. Schach- und Liebesspiel gingen Hand in Hand. Das Schachbrett wurde zum Kuppelbrett und stiftete manche Liai-

son und Ehe. In deutschen und französischen Ritterromanen wurde von einer – freilich völlig anachronistischen – Partie Lancelots mit der Königin berichtet, die auf dem Brett begann und in einer stürmischen Umarmung endete, und schließlich soll sogar Jan Sobieski, der 1674 als Johann III. den polnischen Thron bestieg, seine Königin im Schachspiel gewonnen haben – indem er ihr unterlag.

Eine schöne Beziehung zwischen Liebe und Schach stellte Siegbert Tarrasch her, als er sagte: „Das Schachspiel hat wie die Liebe, die Musik, die Fähigkeit, den Menschen glücklich zu machen. Ich habe ein leises Gefühl des Bedauerns für jeden, der das Schachspiel nicht kennt, so wie ich jenen bedaure, der die Liebe nicht kennengelernt hat."

✦

M

Mathematik und Schach

Daß Schach Mathematik sei und nur der Mathematiker ein guter Schachspieler sein könne, wird so oft behauptet oder vermutet, daß viele Menschen in Anbetracht ihrer geringen mathematischen Begabung nicht den Mut aufbringen, sich ernsthaft im Schachspiel zu versuchen. Wie verhält es sich mit der Mathematik im Schach wirklich?

Ein erster Überblick gibt scheinbar den Zaghaften recht. Viele hervorragende Schachspieler waren und sind Mathematiker. Man findet in diesem Buch Beispiele genug: Anderssen, Lasker, Euwe … Andere waren oder sind, wenn schon nicht Mathematiker, als Techniker der Mathematik verpflichtet. Botwinnik ist Ingenieur, und der russische Schachmeister und Theoretiker von Jänisch war Professor der Mechanik und schrieb ein Werk über Mathematik im Schach.

Doch obwohl die Statistik für die Mathematiker spricht: Schach ist nicht gleich Mathematik. In seiner „Geschichte des Schachs" schreibt Jacob Silbermann: „Jänisch hatte versucht, Methoden der Mathematik auf das Schachspiel anzuwenden. Dr. Euwe, Mathematiker gleich dem russischen Meister, vermied diesen Irrweg. Er sah die Schachtheorie als eine Wissenschaft an." Nämlich: als eine Wissenschaft für sich.

Daß die zahllosen Rechenkunststücke, die sich

mit den 64 Feldern und den 32 Steinen anstellen lassen und den Laien verblüffen, nichts mit der Spielpraxis zu tun haben, versteht sich von selbst. Der Spieler erwägt nicht all die unzähligen theoretisch möglichen Stellungen, Züge und Kombinationen, sondern nur die jeweils sinnvollen. „Die Auswahl, die der Spieler unter den möglichen Zügen trifft, wird von Intuition und Logik bestimmt – und vom Temperament des Spielers“, schrieb Euwe. Was den Mathematiker am Schachbrett begünstigt, ist nicht die Beherrschung der Integralrechnung, sondern der Umstand, daß er häufiger als andere bestimmte Fähigkeiten besitzt und geübt hat, zum Beispiel die des präzisen logischen Denkens, des Kombinierens und Analysierens, der Erfassung räumlicher Gegebenheiten. Solche Fähigkeiten können aber auch außerhalb einer speziellen mathematischen Begabung und Beschäftigung vorhanden sein und entwickelt werden, und der Mathematiker ist nur dann ein guter Schachspieler, wenn er auch die spezielle Schachbegabung besitzt, zu der neben gewissen geistigen Anlagen Intuition und Eigenschaften wie Kampfgeist und Ausdauer gehören.

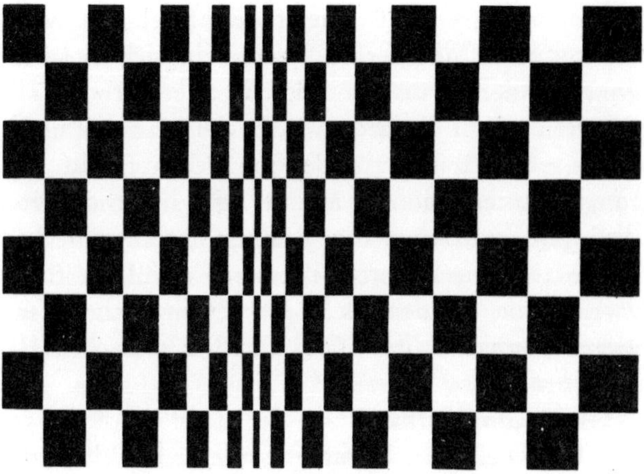

Auch für die Nichtmathematiker unter den Schachgrößen ließe sich eine lange Liste aufstellen. Der Letzte auf dieser Liste (oder der Erste, wie man will) wäre Bobby Fischer, der nach seinen eigenen Worten „gut in Spanisch, aber, zugegeben, schlecht in Mathematik" war, nie mit der *High School* fertig wurde und erklärte, die Schule sei etwas „für doofe Karnickel".

✦

Meister

Dieser Titel hat, von seiner allgemeinen, unverbindlichen Bedeutung abgesehen, eine offizielle. Er wird von den nationalen Schachverbänden und vom Weltschachbund auf Grund bestimmter Leistungen verliehen. Die Begriffe Landesmeister und Nationaler Meister erklären sich selbst.

Eine Schachspezialität ist dagegen der Großmeister (GM) oder auch Internationale Großmeister (IGM). Er ist nach dem Weltmeister der höchste zu erreichende (und von der FIDE verliehene) Titel, und ein Anwärter darauf heißt Internationaler Meister (IM). Nach einer Regelung aus dem Jahre 1970 tragen den Titel der Weltmeister selbst und ferner Spieler, die sich in Interzonenturnieren für Kandidatenwettbewerbe qualifizierten oder in solchen Wettbewerben im Viertelfinale mindestens 40% der möglichen Punkte errangen. Internationale Meister, die innerhalb von drei Jahren dreimal die Großmeisternorm in von der FIDE anerkannten Turnieren erfüllten (oder zweimal bei mindestens 30 Partien in solchen Turnieren), erhalten den Titel Großmeister ebenfalls zugesprochen.

Gleichsam inoffiziell ist der Titel Großmeister seit 1914 bekannt. Damals wurde er anläßlich des

Turniers in St. Petersburg von Zar Nikolaus II. den fünf Erstplazierten – Lasker, Capablanca, Aljechin, Marshall und Tarrasch – verliehen.

Internationaler Meister wird nach den Bestimmungen der FIDE der Jugendweltmeister und ferner, wer an einem Interzonenturnier teilnimmt oder in einem Zonenturnier 66⅔% erreicht oder dreimal innerhalb von drei Jahren (ausnahmsweise auch zweimal bei mehr als 30 Partien in jedem der beiden Turniere) die Norm eines Internationalen Meisters erfüllt.

✦

Mittelspiel

nennt man, ohne eine genaue Trennung vornehmen zu können, den Abschnitt der Schachpartie, in dem die Eröffnung, das heißt der Aufmarsch, die Entfaltung der Figuren abgeschlossen ist und die Partie im wesentlichen aus einem freien Positions- und Kombinationsspiel besteht. Das Mittelspiel geht nach der Reduzierung der Steine auf dem Brett in das wieder stärker systematisierte und theoretisch gründlich erforschte Endspiel über.

✦

Morphy

Er gilt nach allgemeiner Übereinkunft als eines der größten Schachgenies aller Zeiten, und seine Schachkarriere war die kürzeste aller Zeiten: Sie dauerte, genau genommen, knapp zwei Jahre.

Paul Morphy wurde am 22. Juni 1837 in New Orleans als Sohn eines Juristen geboren, der drei Jahre später Richter am obersten Gericht von Louisiana wurde. Er selbst studierte ebenfalls Jura und legte als Achtzehnjähriger sein Staatsexamen mit Auszeichnung ab. Sein Gedächtnis war so phänomenal, daß er das Bürgerliche Gesetzbuch des Staates Louisiana auswendig hersagen konnte. Als Zehnjähriger begann er Schach zu spielen, mit zwölf Jahren fand er in New Orleans keinen ebenbürtigen Partner mehr. Er war ein echtes Wunderkind: er brauchte das Schachspiel, nachdem ihn sein Vater in die Grundelemente eingeführt hatte, nicht regelrecht zu erlernen. In den Büchern, die er sich kaufte, fand er nichts, was er nicht schon wußte. Er schenkte sie seinen Freunden. Auf das Vorsatzblatt einer von Staunton herausgegebenen Partiensammlung, die er mit 15 Jahren bekam, schrieb er: „Von H. Staunton, Esq., Autor von ‚Leitfaden des Schachspiels‘, ‚Handbuch des Schachspielers‘ etc. und einigen verteufelt schlechten Partien.“

Morphy spielte ein „neues“ Schach. Er vereinigte das Kombinations- mit dem Stellungsspiel, und seine besondere Stärke waren eine große Kombinationsgabe und die konsequente Entwicklung der Figuren ohne verfrühte Angriffe. Mit 13 Jahren schlug er einen der weltbesten Spieler, den ungarischen Meister Löwenthal. Danach gewann er eine Reihe von Wettkämpfen mit großer Überlegenheit. Auf dem amerikanischen Schachkongreß von 1857 besiegte er in Partien, die bis zu 15 Stunden dauerten, den deutschen Meister Louis Paulsen. Die Schachfreunde von New Orleans luden Staunton, der in London noch als Herrscher galt, zum Wettkampf gegen Morphy ein. Staunton sagte ab.

Morphy reiste 1858 nach Europa und spielte, immer siegreich, in London und Paris. Er schlug Harrwitz und noch einmal Löwenthal, und er besiegte in einem achttägigen Wettkampf Anderssen, den er damit als inoffizieller Weltmeister ablöste. Im Café de la Régence spielte er acht Partien blindsimultan. Eine Pariser Zeitung meldete in

Schlagzeilen: „Morphy größer als Cäsar: Er kam, sah *nicht* und siegte!" Die Pariser Gesellschaft verwöhnte den jungen Amerikaner. Staunton wich ihm trotz wiederholter Forderungen und Bitten nach wie vor aus.

Im Jahre 1859 kehrte Morphy nach Amerika zurück, wo er begeistert empfangen wurde. Er eröffnete eine Anwaltspraxis – und stellte fest, daß niemand den Schachspieler als Juristen ernst nehmen wollte. Er verliebte sich – und wurde abgewiesen: einen Schachspieler mochte die junge Dame nicht zum Ehemann haben. Morphy forderte alle Schachspieler der Welt auf, bei Vorgabe eines Bauern und eines Zuges gegen ihn zu spielen. Niemand meldete sich. Er gab das Schachspiel auf, ja er begann es zu hassen. Als Steinitz ihn Jahre später, 1882, besuchen wollte, erklärte er sich zu einer Begegnung nur unter der Bedingung bereit, daß nicht über Schach gesprochen wurde. Das Gespräch zwischen den Meistern, die zuletzt beide dem Wahnsinn verfielen, dauerte zehn Minuten.

Morphy lebte nach dem Tode seines Vaters und nachdem er Anfang der sechziger Jahre, während des amerikanischen Bürgerkrieges, noch einmal nach Europa gereist war, zurückgezogen mit seiner Mutter und seiner Schwester zusammen. Er litt unter schweren Depressionen und Verfolgungswahn. Sein Betragen wurde immer sonderbarer. Er kaufte dutzendweise Damenschuhe und stellte sie im Kreis in seinem Zimmer auf, er schlenderte stundenlang durch die Straßen von New Orleans und starrte den schönen Frauen ins Gesicht.

Die Welt, die ihn einst feierte (aber nicht die Schachwelt), hatte ihn längst vergessen, als er 1884 starb.

✦

N

Das Narrenmatt

ist das kürzestmögliche Matt, das, wie der Name sagt, nur einem Narren passieren kann. Es sei der Kuriosität halber erwähnt – und als Trick, mit dem man den „blutigen Anfänger“ verblüffen kann.

Weiß leitet mit Bauer g2 nach g4 ein Flankenspiel ein (was man als Anfänger besser unterläßt). Schwarz antwortet mit Königsbauer auf e5, um der Dame die Diagonale freizumachen. Weiß erkennt die Gefahr nicht und spielt Bauer f2 auf f3, um fürsorglich g4 zu decken, worauf Schwarz nur noch seine Dame auf h4 zu stellen braucht.

Das Narrenmatt ist das primitivste Beispiel für die sogenannten Eröffnungsfallen, bei denen man es darauf anlegt, den Gegner zu überlisten oder ihm eben eine Falle zu stellen.

✦

Die Notation

dient dem Mitschreiben der Züge einer Schachpartie und der Wiedergabe von Partien in der Schachliteratur. Man verwendet heute das von Philipp Stamma Anfang des 18. Jhs. erfundene „algebraische System“.

Auf dem Schachbrett sind die Linien mit den

Buchstaben a bis h, die Reihen mit den Ziffern 1 bis 8 bezeichnet. Die Figuren werden mit den Anfangsbuchstaben abgekürzt (K = König, D = Dame etc.) Sc3 bedeutet daher Springer auf Feld c3. Der Bauer wird nicht eigens bezeichnet. Ein Bauer auf a4 wird daher nur a4 geschrieben. Um einen Zug anzuzeigen, gibt man das Feld an, auf dem der Stein steht, und verbindet es durch einen Strich mit dem Feld, auf das er sich begibt. (Lf1–c4 = Läufer geht von f1 auf c4.) Dazu kommen folgende Zeichen:

×(:) = schlägt
\+ = bietet Schach
ǂ = setzt matt
0-0 = kurze Rochade
0-0-0 = lange Rochade
(!) = guter Zug
(?) = zweifelhafter, schlechter Zug

Die Schreibung b7–b8D bedeutet: Bauer auf b7 zieht nach b8 und verwandelt sich in eine Dame.

In der Wiedergabe einer Partie ist also beispielsweise 11. Dg4–h3 Sd4×f3+ 12. Dh3×f3 . . . wie folgt zu lesen: 11. Zug: Weiße Dame auf g4 zieht nach h3; schwarzer Springer auf d4 schlägt den auf f3 stehenden Stein und bietet Schach. 12. Zug: Weiße Dame auf h3 schlägt den Stein auf f3 (d. h. den Springer).

Bei der sogenannten Kurznotation gibt man, wo keine Verwechslung möglich ist, nur das Feld an, auf das sich der Stein begibt. Statt Sg1–f3 schreibt man einfach Sf3, und statt e2–e4 einfach e4. Dagegen jedoch Sge4: Springer von der g-Linie – von g3 oder g5 in diesem Falle – auf e4, wenn e4 auch von einem etwa auf c3 stehenden Springer erreicht werden kann. T×h4 bedeutet, daß der Turm den Stein auf h4 schlägt. Dafür schreibt man auch: Th4:

O

Offene Turniere

sind solche, an denen sich alle Spieler ohne Rücksicht auf Alter, Spielstärke, Nationalität und Geschlecht beteiligen können. Ihre besondere Funktion besteht darin, daß sie dem Schach eine große Breitenwirkung verschaffen. Sie werden manchmal zugleich mit regelrechten Turnieren ausgetragen wie, zum Beispiel, die Weihnachtsturniere in Hastings, wo der Sieger im offenen Turnier am Großmeisterturnier teilnehmen darf, oder die Hochofenturniere in Wijk aan Zee (früher Beverwijk), die jeweils in ein Großmeisterturnier, ein Meisterturnier und ein offenes Turnier aufgegliedert sind. Andere bekannte offene Turniere finden jährlich im August in Bad Aibling, im Juli in Biel/Bienne und zu Ostern in Straßburg statt.

Das Turnier um den Silberpokal von Bad Aibling ist das älteste und größte offene Turnier Deutschlands. Im Jahre 1976 nahmen daran 260 Spieler aus der BRD und anderen Ländern teil.

✦

Opfer

Von einem Opfer spricht man, wenn man einen Stein preisgibt, ohne dafür einen gegnerischen zu erobern, oder wenn man nur einen Stein von geringerem Tauschwert dafür bekommen kann, also beispielsweise einen Läufer für einen Turm.

Der Sinn des Opfers ist immer die Erlangung eines Stellungsvorteils oder die rasche Durchführung eines gut vorbereiteten Angriffs gleichsam ohne Rücksicht auf Verluste. Wer den Zweck eines Opfers durchschaut, hütet sich natürlich, es anzunehmen, aber in der „romantischen" Periode galt es als unritterlich, ein Opfer abzulehnen.

Das spektakulärste Opfer ist selbstverständlich das Damenopfer. Den jungen tschechischen Meister Vlastimil Hort brachte bei den Europameisterschaften in Oberhausen ein Damenopfer des Großmeisters Paul Keres so aus der Fassung, daß er vom

Stuhl fiel. Das derzeit berühmteste Damenopfer kam in einer Partie vor, die Bobby Fischer 1956 als Dreizehnjähriger gegen Robert Byrne spielte und die Hans Kmoch in der *Chess Review* die „Partie des Jahrhunderts" nannte. Byrne (Weiß) hatte im 16. Zug die schwarze Dame mit einem Läufer angegriffen. Fischer bot zunächst Schach und bewegte, nachdem der weiße König ausgewichen war, mit dem 17. Zug einen Läufer, anstatt seine Dame in Sicherheit zu bringen. Byrne nahm das Opfer an, und Fischer hatte damit einen Stellungsvorteil errungen, der es ihm ermöglichte, die weißen Figuren rasch zu reduzieren und mit dem 41. Zug Matt anzusagen.

Diesen 17. Zug Fischers nannte Gerald Abrahams „einen der besten in der Geschichte des Schachs" und „über den 17. Zug von Schwarz wird man noch nach Jahrhunderten sprechen", schrieb der Fischer-Biograph Frank Brady. Fischer selbst bemerkte in seinem Partiekommentar: „Ein verblüffendes Damenopfer, das zwangsläufig gewinnt."

✦

Opposition

Dieser an Politik und Astrologie zugleich erinnernde Ausdruck bezeichnet die Gegenüberstellung der beiden Könige mit einem Abstand von einem Feld, so daß für beide drei Felder nicht betretbar sind.

Die Opposition ist von besonderer Bedeutung im Endspiel, wo sie auch mit geringen Kräften noch ein Matt ermöglicht, da der in Opposition gegangene König dem an den Rand gedrängten gegnerischen das Heraustreten aus der letzten Reihe verwehrt.

✦

P

Patt

Ein Ausdruck, der in die Umgangssprache und in die Sprache der Politik eingegangen ist und dort soviel wie „unentschieden“ in dem Sinne bedeutet, daß ein Stillstand eingetreten ist und keine Partei mehr voranzukommen und einen Vorteil über die andere zu erringen vermag.

Ebendiese Situation ergibt sich auf dem Schachbrett: Der König der am Zug befindlichen Partei steht zwar *nicht* im Schach, kann aber nicht ziehen, ohne ins Schach zu geraten, und zugleich kann sich auch kein anderer Stein seiner Farbe mehr bewegen (weil sie alle „blockiert“ sind). Das Spiel ist somit aus. Dem Gegner ist jedoch das Matt nicht geglückt, und die Partie endet daher unentschieden.

✦

Petrosjan

Tigran Wartanowitsch Petrosjan wurde 1929 in Tiflis, Georgien, geboren, übersiedelte aber bald nach Eriwan, der Hauptstadt der Armenischen SSR, und wird daher der „Armenische Tiger“ genannt. Er sammelt offenbar Beinamen, denn man nennt ihn wegen seiner Zähigkeit auch den „Eisernen Tigran“, wegen seines sicheren Spiels „das Elektronenhirn“ und wegen seiner Fähigkeit, gefährliche Attacken abzuwehren, den „Torwart aus Armenien". Dabei rettet er sich nicht selten in ein Unentschieden, und mit einer Remisquote von 70 bis 80 Prozent ist er geradezu als Remisspezialist anzusprechen.

Petrosjan besuchte als Junge den Schachklub in Eriwan und studierte mit besonderer Aufmerksamkeit die Bücher Nimzowitschs. (Im Kopenhagener Turnier, das 1960 zu Ehren Nimzowitschs veranstaltet wurde, belegte er den 1. Platz.) Seine Karriere ist eher ein zähes Emporarbeiten als ein kometenhafter Aufstieg. Mit 17 Jahren wurde er armenischer Meister und Jugendmeister der Sowjetunion. Seitdem er 1953 – er war damals bereits Großmeister – im Kandidatenturnier in Zürich den 5. Platz unter 15 Teilnehmern belegt hatte, nahm er bis 1975 an allen Kandidatenturnieren teil, und 1962 in Curaçao qualifizierte er sich als Herausforderer des amtierenden Weltmeisters Botwinnik, den er nach einer gründlichen Vorbereitung 1963 schlagen konnte. Er verteidigte den WM-Titel 1966 erfolgreich gegen Spasski, unterlag diesem aber im WM-Kampf 1969.

Den Beinamen „Tiger" (den er sicherlich nur seinem Vornamen verdankt) trägt Petrosjan nicht zu Recht, denn auf dem Schachbrett ist er alles andere als eine reißende Bestie, sondern vielmehr ein sehr vorsichtiger Spieler; er gilt als Meister des bedachtsamen Positionsspiels, und man sagt ihm sogar einen Mangel an Aggressivität nach. Ein gröberer Fehler unterläuft dem „Elektronenhirn" nur äußerst selten.

Einmal allerdings, als er in einem Turnier bei einer Partie gegen Bronstein in Zeitnot geriet, gab er seine Dame preis. Man hat dafür eine psychoanalytische Erklärung gefunden: Petrosjan heiratete in diesem Jahr.

Wenn er selbst so gut wie fehlerlos spielt, so ver-

steht er es sehr gut, die Fehler seiner Gegner auszunutzen. Er ist schwer schlagbar, erreicht gute Plazierungen in Turnieren, siegt aber verhältnismäßig selten. Seine Versuche, den WM-Titel zurückzuerobern, scheiterten. Im Kandidatenturnier 1971 triumphierte er über den deutschen Großmeister Hübner und über Kortschnoj, mußte aber vor Fischer kapitulieren, und 1974 unterlag er wieder Kortschnoj.

Petrosjan zählt nach wie vor zur Weltspitze, aber seine volle Kampfstärke und vielleicht auch sein Selbstvertrauen scheint er 1971 mit der Niederlage gegen Fischer eingebüßt zu haben. Er zog sich gewissermaßen in einen bürgerlichen Beruf zurück. Der ursprüngliche Journalist ist heute Universitätsassistent. Seine Habilitationsschrift war den „Denkvorgängen im Schach" gewidmet. Er ist außerdem Chefredakteur einer vielgelesenen Schachzeitung.

✦

Philidor

Man findet ihn in jedem Musiklexikon: François André Philidor-Danican, geboren am 7. 9. 1726 in Dreux als Sohn eines Bläsers der Königlichen Hofkapelle und Enkel eines Flageolett-, Oboen- und Trumscheitspielers der Königlichen Stabsmusik, war Sängerknabe in der Königlichen Kapelle zu Versailles, komponierte seit 1745 und schrieb seit 1759 Bühnenwerke, die „zu den besten seiner Zeit gehörten". Nach Einaktern und Singspielen wandte er sich der großen Oper zu. Er komponierte nicht weniger als 23. Als 1746 *Le Sorcier* uraufgeführt wurde, geschah es zum erstenmal in der Geschichte der Oper, daß man den Komponisten vor den Vorhang rief. Er gilt als Begründer der *opéra comique*, und C. M. von Weber wurde stark von ihm beeinflußt. Zuletzt heißt es in den Musiklexika kurz und bündig: „Philidor war auch ein glänzender Schachspieler."

Das war er allerdings. Er erlernte das Spiel von älteren Musikern in den Probenpausen durch bloßes Zusehen. Als er vom 15. Lebensjahr an in Paris lebte, um seine musikalische Ausbildung zu ver-

vollkommnen, besuchte er häufig das Café de la Régence und wurde ein Schüler des Sire de Légal. Auf einer Holland-Tournee spielte er 1745 mit dem Herzog von Cumberland und anderen Offizieren der in den Niederlanden stationierten englischen Truppen Schach. Sie verschafften ihm Zutritt zu den Londoner Schachkreisen, und schon 1746 schlug er den führenden englischen Meister Sir Abraham Janssens und ein Jahr darauf Stamma. Von diesem Augenblick an galt er als der beste Spieler der Welt, und in der Schachgeschichte weist man ihm den Rang des ersten „inoffiziellen Weltmeisters“ zu.

Philidor kehrte 1748 wieder nach Holland zurück, und ein Jahr später erschien in London seine „Analyse des Schachspiels“, in der der berühmte, den Kern seiner Lehre darstellende Satz steht: „Der Bauer ist die Seele des Schachs.“

Er besuchte auch Berlin und Potsdam und wurde von Friedrich dem Großen empfangen. Eine Notiz des Mathematikers Leonhard Euler vom 3. Juli 1751 wirft ein kurzes Schlaglicht auf den damals 25jährigen Meister: „Den großen Schachspieler Philidor habe ich nicht gesehen, weil er sich mehrenteils in Potsdam aufhielt. Er soll noch ein sehr junger Mann sein, führte aber eine Maitresse bei sich, wegen welcher er mit einigen Offiziers in Potsdam Verdrießlichkeiten bekam, die ihn nötigten, unvermutet wegzureisen, sonsten würde ich wohl Gelegenheit gefunden haben, mit ihm zu sprechen.“

Philidor kehrte nach Paris zurück, und Ludwig XV. ließ dem geschätzten Komponisten eine Jahrespension zahlen. Nach einem weiteren Aufenthalt in London, wo er viele Bewunderer und Schüler hatte, lebte er bis 1790 wieder in Paris. Er spielte oft im Café de la Régence und war der Schachlehrer Ludwigs XVI.

Nach der französischen Revolution, die er anfangs begrüßt hatte, floh er nach London: sei es, weil ein neuer Besucher des „Régence“ – Robespierre – dem Protegé zweier Könige angst machte, sei es, weil er „Verdrießlichkeiten“ anderer Art bekam. Als er 1795 nach Frankreich zurückkehren wollte, verweigerte man ihm den Paß. Er starb noch im selben Jahr verbittert im Exil.

✦

Qualifikationsturniere

Wie qualifiziert sich der Herausforderer des Weltmeisters? Bis 1948 bestimmte der amtierende Weltmeister den Gegner, den Ort, den Zeitpunkt und die Höhe der Börse des Titelkampfes. Nach den seither geltenden Bestimmungen hat der Herausforderer einen weiten Weg zu gehen, der mit den Landesmeisterschaften beginnt.

Die Mitgliedsländer des Weltschachbundes entsenden ihren Landesmeister zu den sogenannten Zonenturnieren. Die ganze Welt ist in 11 Zonen eingeteilt. Die 2., mitteleuropäische, um ein Beispiel zu nennen, umfaßt die Länder BRD, Dänemark, DDR, die Färöer, Finnland, Island, Norwegen, Österreich und Schweden.

Die Erstplazierten der Zonenturniere – ihre Anzahl richtet sich nach der Spielstärke der jeweiligen Zone – nehmen zusammen mit den Vorberechtigten am Interzonenturnier teil, das in zwei Gruppen ausgetragen wird. Die drei Erstplazierten jeder Gruppe und dazu zwei Vorberechtigte aus dem vorausgegangenen WM-Zyklus treten zum Kandidatenturnier an, bei dem zur Zeit nach dem „K.o.-System“ gekämpft wird: Von den vier Paarungen der ersten Runde scheiden die Verlierer aus, von den zwei Paarungen der zweiten Runde ebenfalls, und der Sieger des Finales ist berechtigt, den Weltmeister zu fordern.

R

Remis

Ist keiner der Gegner imstande, ein Matt herbeizuführen, so wird das Spiel als unentschieden oder *remis* abgebrochen. Das Remis ergibt sich:

Wenn kein Spieler mehr über die Kräfte verfügt, die nötig wären, um das Matt zu erzwingen; im Extremfall also, wenn nur noch die beiden Könige auf dem Brett stehen (aber welcher vernünftige Spieler läßt es so weit kommen?);

wenn einer der Spieler zwar noch genug Material besitzt, aber nicht fähig ist, ein Matt zu erzwingen;

wenn der König des am Zug befindlichen Spielers im Patt steht;

wenn die beiden Spieler ein Remis vereinbaren;

wenn beide Spieler dieselben Züge wiederholen und derselbe Spieler in der gleichen Stellung zum drittenmal am Zug ist. (Die Stellung gilt als gleich, wenn Steine gleicher Art und Farbe auf den gleichen Feldern stehen. Durch einen beliebigen Bauernzug wird die Zugwiederholung unterbrochen.) Das Remis muß jedoch sofort verlangt („reklamiert") werden, und zwar entweder von dem Spieler, der in der Lage ist, den zur nochmaligen Wiederholung der Stellung führenden Zug zu machen und diese Absicht bekanntgibt, oder von dem Spieler, der auf den bereits ausgeführten Zug zu antworten hat, durch den die Wiederholung entstand.

Diese Zugwiederholung wird oft angewandt, um angesichts der materiellen oder stellungsmäßigen Überlegenheit des Gegners die Niederlage abzuwenden. Im Schachjargon spricht man dann – wie auch im Falle des einer Zugwiederholung sinngemäß gleichkommenden Ewigen Schachs oder Dauerschachs – von einer „Remis-Schaukel".

Remis endet die Partie schließlich auch, wenn der am Zug befindliche Spieler nachweist, daß beiderseits 50 Züge gemacht wurden, ohne daß ein Stein geschlagen oder ein Bauer bewegt wurde. Auch in diesem Falle muß das Remis sofort verlangt werden.

✦

Der Remistod

Ein Gespenst, das die Schachspieler seit geraumer Weile immer wieder heimsucht, ist der sogenannte Remistod, genauer gesagt der Tod des Schachspiels durch Remis. Als einer der ersten glaubte schon vor mehr als 50 Jahren Capablanca vor dieser Gefahr warnen zu müssen. Er und andere befürchteten, daß sich durch die zunehmende theoretische Durchdringung und die immer größere technische Vervollkommnung des Schachspiels eine Situation ergeben könnte, in der sich nur noch Meister von gleichem Wissen und gleicher Spielstärke gegenüberstehen, so daß zuletzt so gut wie alle Wettkämpfe mit einem Remis enden müßten. (Man sieht sich an Philidor erinnert, der die Ansicht vertrat, Weiß müsse mit seinem Anzugsvorteil bei fehlerlosem Spiel unbedingt gewinnen.) Capablanca schlug sogar ein neues Schach mit erweitertem Brett und zusätzlichen Figuren vor.

Wie weit ist die Furcht vor dem Remistod begründet? Die Zahl der Remispartien hat im Laufe der letzten Jahrzehnte, im Durchschnitt betrachtet, nicht zugenommen, und daran ändert auch der WM-Kampf des Jahres 1978 nichts. Jede technische Verfeinerung eröffnet wieder neue Möglichkeiten, und im übrigen darf man sich wohl darauf verlassen, daß schöpferisches Denken, Phantasie und Intuition stets stärker sein werden als jede noch so hoch entwickelte „Technik".

✦

Die Rochade

ist ein Zug, der vom König und einem Turm gleichzeitig ausgeführt wird: Der König macht zwei Schritte auf den betreffenden Turm zu, und der Turm springt über den König hinweg auf das Feld unmittelbar neben diesem. Da auf der Damenseite drei Felder zwischen König und Turm liegen, auf der Königsseite aber nur zwei, unterscheidet man zwischen einer langen oder großen Rochade (Schreibung: 0-0-0) und einer kurzen oder kleinen Rochade (0-0).

Die Rochade ist nach beiden Seiten nur möglich, solange der *König* noch nicht gezogen hat, und sie ist auf jeder Seite nur möglich mit einem *Turm*, der noch nicht bewegt wurde. Vorübergehend unmöglich ist die Rochade, wenn der König im Schach steht – das heißt, er darf sich dem Schach nicht durch die Rochade entziehen –, wenn das Feld, das der König überschreiten oder besetzen soll, von einem gegnerischen Stein bedroht ist und ebenso, wenn sich noch Figuren zwischen König und Turm befinden.

Der an der Rochade beteiligte Turm darf, im Gegensatz zum König, angegriffen sein und sich über ein vom Gegner bedrohtes Feld hinwegbewegen.

Manchmal findet man für Rochade noch den Ausdruck Königssprung, der irreführend ist, da der König nur bei der nach unseren heutigen Regeln nicht korrekt ausgeführten, bei Laien aber durchaus üblichen Rochade springt: nämlich wenn zuerst der Turm gezogen wird und dann der König über ihn hinweggeht. Da zuletzt dieselbe Stellung entsteht, scheint es „gehupft wie gesprungen" zu sein, ob man so oder so rochiert, aber im Hinblick auf die Regel, daß der begonnene Zug beendet werden muß, ergeben sich zwei verschiedene Situationen: Die Rochade gilt als *ein* Zug. Setzt der Spieler zuerst den König auf das übernächste Feld, so ist die Absicht zu rochieren klar erkennbar, und die Rochade muß beendet werden. Bewegt er zuerst den Turm, könnte er sich, falls er sich noch anders besinnt, so verhalten, als hätte er nichts anderes als einen Turmzug vorgehabt – wenn diese Form der Rochade zulässig wäre. Bei korrektem Spiel kann daher die mit dem Turm begonnene Rochade nur als reiner Turmzug betrachtet werden.

✦

Schach der Dame

oder französisch *gardez!* war eine Warnung, die in früheren Zeiten, als noch weniger aggressiv (oder „ritterlicher"?) gespielt wurde, von dem Spieler ausgesprochen wurde, der die gegnerische Dame bedrohte.

So seltsam uns dieser Brauch heute anmutet – man kann ihm eine gewisse Berechtigung nicht absprechen, wenn man bedenkt, wie ungleich die Partner einer Dilettantenpartie sein können, und wie leicht es dem stärkeren Spieler gelingt, die Dame eines schwachen Gegners in eine Falle zu locken.

✦

Schacholympiaden

oder Mannschafts-Weltmeisterschaften wurden inoffiziell 1924 in Paris und 1926 in Budapest ausgetragen. Offizielle Schacholympiaden für Herren werden seit 1927 – mit einer kriegsbedingten Unterbrechung von 1939 bis 1950 – alle zwei Jahre vom Weltschachbund veranstaltet. Teilnahmeberechtigt sind alle ihm angeschlossenen Länder. Jedes Land entsendet eine Vierermannschaft mit zwei Ersatzspielern. An der Schacholympiade 1939 in Buenos Aires nahmen 26 Nationen teil, bei der

XXI. Olympiade 1974 in Nizza war die Zahl der teilnehmenden Nationen auf 73 gestiegen.

Schacholympiaden für Damen gab es seit 1957 in unregelmäßigen Abständen. Seit 1974 werden sie parallel zu denen der Herren ausgetragen. Die Damen spielen in Zweiermannschaften mit einer Ersatzspielerin.

Die erste Nachkriegsolympiade 1950 in Dubrovnik stand unter dem Patronat Josip Broz Titos, der sie mit einer Ehrenpartie eröffnete. Sieger war Jugoslawien. Danach ging es auf dem Schachbrett eine Zeitlang zu wie auf dem Eisplatz beim Paarlauf seit dem Tag, an dem die Protopopows ihre erste Todesspirale drehten: Bei den Herren von 1952 und bei den Damen von 1957 an siegten ununterbrochen die Mannschaften der Sowjetunion. Erst 1976 in Haifa belegten bei den Damen Israel und bei den Herren die USA den ersten Platz, aber diese Olympiade wurde von den Ostblockländern boykottiert.

Einen echten Bruch mit der „russischen Tradition“ brachte dann die Olympiade 1978, die wieder in Buenos Aires stattfand und an der 66 Nationen teilnahmen. Ungarn verwies die UdSSR auf den 2. Platz. Die deutsche Mannschaft belegte den 4., die schweizerische den 10. und die österreichische den 19. Platz.

✦

Schach und Matt

Greift ein feindlicher Stein den König an, so bietet er Schach. Unter „Angreifen“ versteht man, daß ein Stein in eine Position geht, aus der heraus er einen gegnerischen Stein mit dem nächsten Zug schlagen kann. Der König darf jedoch nicht geschlagen werden. Er muß augenblicklich, das heißt

mit dem Antwortzug, dem Angriff entzogen werden. Dafür gibt es drei Möglichkeiten:

Der König weicht auf ein nicht bedrohtes Feld aus. Er wird durch einen anderen Stein gegen den schachbietenden gedeckt. Oder der schachbietende Stein wird geschlagen.

(Besondere Formen des Schachgebots sind das Zwischenschach, bei dem die bedrängte Partei „zwischendurch" Schach bietet, um die Stellung zu verbessern oder um Zeit zu gewinnen und einer Drohung ausweichen zu können, und das Racheschach, das in bereits verlorener Stellung nur noch dem unsinnigen Zweck dient, das Ende aufzuschieben, und quasi „pro forma" geboten wird.)

Ist keine der drei genannten Arten der Verteidigung mehr möglich, so ist der König *schachmatt*. Der Ausdruck kommt teils aus dem Persischen (schah), teils aus dem Arabischen (mat) und bedeutet „der König ist tot".

Von einem erstickten Matt oder Erstickungsmatt spricht man, wenn der König nicht ausweichen kann, weil er von Steinen seiner eigenen Partei eingeschlossen und „erstickt“ wird, da ihm ein „Luftloch“ fehlt. „Was ist der Mensch ohne Ventil?“ fragte Tarrasch im Hinblick auf diese Situation. Eigene Namen haben auch andere häufig auftretende Mattstellungen, zum Beispiel das Zweiläufermatt oder das Korridormatt, bei dem der König auf der Grundlinie hinter seinen Bauern – gleichsam in einem Korridor – steht und wiederum in Ermangelung eines „Luftlochs“ mattgesetzt werden kann.

✦

Schachzabelbücher

oder einfach „Schachbücher“ sind allegorische Dichtungen des Mittelalters, die in der Nachfolge eines von dem lombardischen Dominikanermönch Jacobus de Cessolis 1275 veröffentlichten Buches entstanden. Es trug den Titel *Liber de moribus hominum et officiis nobilium super ludo scaccorum* („Buch von den Sitten der Menschen und den Pflichten der Vornehmen über das Schachspiel“) und war ursprünglich eine Sammlung von Predigten.

Sein Wert liegt vor allem im Kulturgeschichtlichen, denn es diente dem Autor zur Darlegung moralischer, politischer und religiöser Lehren in gemeinverständlicher Form. Es ist reich an Zitaten aus der Bibel und den Klassikern des Altertums und beschreibt die Stände und die Zeitverhältnisse und, wie der Titel sagt, die Pflichten der Vornehmen – König und Königin, Ritter, Richter und Statthalter, als die Läufer und Türme dargestellt werden – und des gemeinen Volkes, das heißt der Schmiede, Maurer, Zimmerleute, Weber, Tuchscherer und so fort. Diese Berufe wies Cessolis den Schachsteinen zu, die im Mittelalter zunächst Venden hießen, und einen davon nannte er Ackersmann oder eben Bauer. So wurden aus den Venden, den alten „Fußsoldaten“, die Bauern unseres Schachs.

Eine mittelhochdeutsche Bearbeitung des Werks von Cessolis erschien schon 1337 als das Schachzabelbuch (Zabel = Tafel, Brett) des Thurgauer Mönchs Konrad von Ammenhausen. Ungefähr zur

Deß Ritterlichē/künstliche Schachzabel Spiels underweysung/erclärung/vñ verstant/wo here das kommen/were das am ersten erfunden / unnd auß was ursach es erdacht sey/ Auch wie man das künstlich lernen ziehen vñ spielen solle/sampt etlichē künstlichē geteylten spielen ꝛc.

☞ Zů dem Schachzieher.
Dein augen scherpff/ nicht übersech
Deim wyderteyl/ fleyßlich nach spech/
Wie sich gebürt/im Feld und Heer/
Dein volck das schick du zů der weer/
Und orden das recht an den streyt/
Ders übersicht/ gern unden leyt.

Getrůckt zů Oppenheym.

selben Zeit entstanden weitere Reimfassungen in deutscher Sprache wie das Schachgedicht des Schwaben Heinrich von Beringen. William Caxton, der erste englische Drucker, brachte in seinem *Game and Playe of the Chesse* eine Ausgabe heraus, die sich auf die lateinische Fassung des Cessolis und eine französische Version stützte, und bis zum Ende des 15. Jhs. war das Werk des Cessolis in Nachdichtungen, Bearbeitungen und mehr oder minder freien Übersetzungen über den größten

Teil Europas von Spanien und Italien bis Schweden verbreitet. Es scheint eine Zeitlang das meistgelesene Buch nach der Bibel gewesen zu sein und ist in mehr als 100 Handschriften und Drucken überliefert.

✦

Das Schlagen

geht in der Weise vor sich, daß ein Stein auf ein von einem gegnerischen Stein besetztes Feld zieht, so daß dieser Stein „hinausgeworfen“, das heißt vom Brett genommen wird. Das bedarf an sich keiner Erläuterung, aber dem Anfänger muß gesagt werden, daß man beim Schlagen nicht zuerst den gegnerischen Stein vom Brett nimmt und dann den eigenen auf das freigewordene Feld stellt, sondern zuerst den eigenen Stein in die Hand nimmt und dann den gegnerischen vom Feld schlägt. Der Sinn dieser Regel wird in den „Spielgesetzen“ erklärt.

✦

Schlagschach

Eine quasi masochistische, aber beliebte und von namhaften Meistern beachtete Spielart des Schachs, die auch Freßschach oder Räuberschach genannt wird. Es gelten die allgemeinen Regeln und dazu die folgenden:

Mit jedem Zug ist nach Möglichkeit ein gegnerischer Stein zu schlagen. Wird das Schlagen verabsäumt, muß es vom Gegner verlangt werden. Der König wird wie jeder andere Stein geschlagen, es gibt also kein „Schach“ und kein „Matt“, und Sieger ist, wer alle Steine *verloren* hat. (Nach dieser Regel wird übrigens auch Dame gespielt, und zwar eben „Schlagdame".) Hat ein Spieler noch Steine auf dem Brett, ohne ziehen zu können, so endet die Partie mit einem Patt, also unentschieden.

Von mehreren Schlagmöglichkeiten kann die jeweils vorteilhafteste gewählt werden, das heißt nach diesen umgekehrten Regeln die für den schlagenden Stein nachteiligste. Der Wert des Schlagschachs als Schachtraining besteht eben darin, daß mit umgekehrtem Vorzeichen gespielt wird und die Steine und ihre Möglichkeiten sozusagen von der anderen Seite betrachtet werden. Man hält sich im allgemeinen an die Faustregel, daß die Figuren mit kurzer Gangart früh, das heißt auf dem möglichst vollen Brett geopfert werden müssen, da man die Langschrittler auf dem leer gewordenen Brett, im Endspiel also, schneller an den Gegner heranbringen und „fressen" lassen kann.

✦

Der Schönheitspreis

Bei manchen Turnieren werden von einer Jury Preise für die schönsten Partien verliehen, das heißt für Partien, die sich durch Eleganz und Dynamik auszeichnen. Den ersten solchen Preis erhielt die Partie Bird–Mason im New Yorker Turnier 1876. Eine andere berühmte, mit diesem Preis belohnte Partie war die 1923 in Karlsbad zwischen Yates und Aljechin ausgetragene, die der englische Meister mit 18 Zügen gewann. Der bisher jüngste Preisträger war – man kommt um diesen Namen nicht herum! – Bobby Fischer. Er spielte 1956 in einem New Yorker Turnier als Dreizehnjähriger eine Partie gegen den um 15 Jahre älteren Robert Byrne, die nicht nur den Schönheitspreis erhielt, sondern wegen des berühmten Damenopfers in die Schachgeschichte einging.

Der deutsche Großmeister Siegbert Tarrasch war übrigens der Meinung, daß ein Zug, der den Schönheitssinn nicht befriedigt, auch nicht gut sein kann. Was freilich Nimzowitsch nicht daran hinderte, in einem „bizarren" Stil und mit Zügen, die als „häßlich" empfunden wurden, hervorragend zu spielen und bahnbrechend zu wirken.

Der Sekundant

Der Begriff läßt sich nicht immer von dem des Trainers trennen, denn oft sind die Trainer – zweifellos eine ideale Kombination – auch die Sekundanten eines Meisters und betreuen und beraten ihn bei Wettkämpfen und Turnieren. Sie bereiten den Spieler auf seine(n) Gegner vor und treten besonders dann in Aktion, wenn eine Partie abgebrochen und am nächsten Tag fortgesetzt wird. Ohne ihren Schützling, der sich unterdessen ausruhen kann, oder mit ihm zusammen analysieren sie die Partie und schlagen schließlich die weitere Strategie vor.

Eine besondere Rolle spielen die in einer Person vereinigten Trainer und Sekundanten in der Sowjetunion, beziehungsweise im ganzen Ostblock, und manche Spieler verdanken ihre Höchstleistungen nicht zuletzt auch der Mitwirkung ihrer Sekundanten, unter denen sich Großmeister wie Semjon Furmann (der stellvertretende Cheftrainer der sowjetischen Nationalmannschaft) und Efim Geller befinden, die sich gemeinsam Karpows annahmen. Spasski wurde auf seinen WM-Kampf in Reykjavik von nicht weniger als drei Sekundanten vorbereitet.

Der anderen Sportarten entlehnte Ausdruck Sekundant wurde übrigens zum erstenmal 1908 von Lasker auf seine Berater Alapin und Wolf angewandt, die ihm beim Wettkampf gegen Siegbert Tarrasch assistierten.

✦

Shogi

oder „Spiel der Generale“ heißt das japanische Schach, das eine Abwandlung des über Korea eingeführten chinesischen Schachs darstellt und sich noch weiter als dieses von unserem eigentlichen Schach entfernt hat.

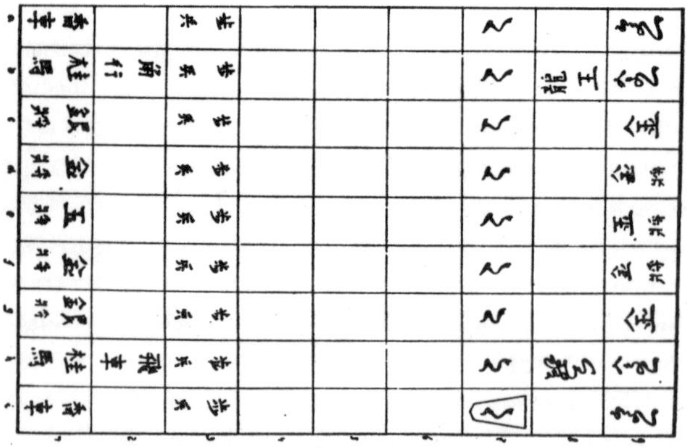

Das längliche, einfarbige Spielbrett ist in 9×9 Rechtecke unterteilt, die je 20 Steine werden in drei Reihen (2×9 und 1×2) aufgestellt. Sie sind durch Schriftzeichen gekennzeichnet und haben für beide Parteien die gleiche Farbe und die Form eines Fünfecks mit einer abgeflachten Seite oder „Schneide". Der Spieler erkennt seine eigenen Steine nur an der dem Gegner zugewandten Schneide. Die Könige sind durch Generäle ersetzt, eine unserer Dame entsprechende Figur fehlt. An uns bekannten Steinen findet man Springer, Läufer, Türme und Bauern.

Seit dem 16. Jh. gab es in Japan den Titel „Meister des Shogi", und seit dem 19. Jh. waren Shogi-Lehrer auf Staatskosten tätig.

✦

Das Simultanspiel

Beim Simultanspiel trägt ein Meister mehrere Partien gleichzeitig auf einer Reihe von Brettern aus, die er nacheinander abschreitet. Seine Gegner machen im allgemeinen ihre Züge erst in dem Augenblick, in dem er an ihr Brett tritt.

Für Berufsschachspieler sind Simultanvorstellungen eine willkommene Einnahmequelle. Im übrigen sind sie reine Kraftproben und als solche vielleicht die reinste Form von „Schach als Sport", da sie begreiflicherweise hohe Anforderungen an die Kondition des Spielers stellen.

Simultanspiele sind aus ältester Zeit bekannt, aber eine Entwicklung ist insofern festzustellen, als sich die Anzahl der Gegner immer höher steigerte und in den letzten Jahrzehnten schon von einer regelrechten Rekordwut der Meister zeugt. Capablanca spielte 1922 noch an „nur" 103 Brettern. Er gewann 102 Partien und machte einmal Remis.

Im selben Jahr nahm es Marshall mit 155 Gegnern zugleich auf. Eine beinahe schon unvorstellbare Leistung, aber 1941 spielte der schwedische Großmeister Gideon Stahlberg 36 Stunden an 400 Brettern. Er gewann 364 Partien und remisierte 14mal. Dieser Rekord wurde erst 1977, zehn Jahre nach Stahlbergs Tod, von Böhm gebrochen, der in Den Haag 26 Stunden an 460 Brettern spielte, 390 Partien gewann, 21 verlor und 49 mit einem Remis beendete.

✦

Sittuyin

Eine schon seit dem 7. nachchristlichen Jahrhundert in Burma verbreitete Abart des indischen Tschaturanga. Die Figuren wurden beiderseits in beliebiger Anordnung aufgestellt. Der König zog wie unser heutiger, und auch die Gangarten von Pferd und Fußsoldat (Bauer) entsprachen den heute üblichen. Die Rochade war nicht bekannt. Der General (die Dame) ging diagonal einen Schritt, der Streitwagen (Turm) zog geradlinig, der Elefant (Läufer) zog ein Feld vorwärts oder zwei Felder diagonal und schlug schräg.

✦

Smyslow

Der am 24. März 1921 in Moskau geborene Wassilij Smyslow wollte zunächst Opernsänger werden; er liebte die Musik ebensosehr wie das Schachspiel, wurde aber zuletzt doch Berufsschachspieler.

Er hatte das Spiel von Vater und Großvater erlernt und später bei den Moskauer Pionieren eine gründliche Ausbildung erhalten. Mit 17 Jahren war er Jugendmeister der UdSSR, 1941 erhielt er den Großmeistertitel des Sowjetischen Schachverbandes. Beim großen FIDE-Turnier 1948 um die Nachfolge Aljechins wurde er Zweiter hinter Botwinnik. Nach einigen Turniersiegen gewann er 1953 das Kandidatenturnier und versuchte, Botwinnik den WM-Titel abzunehmen. Der Kampf endete unentschieden. In Amsterdam ging er 1956 wiederum als Sieger (vor Keres) aus dem Kandidatenturnier hervor, und 1957 trat er mit großer Selbstsicherheit zum zweitenmal gegen den Weltmeister an. Diesmal schlug er ihn mit 6:3 bei zwölf Remisen.

Aber schon ein Jahr später forderte Botwinnik Revanche. Smyslow fühlte sich so überlegen, daß er die Herausforderung nicht ernst genug nahm. Er

behauptete, nicht zu verstehen, warum Botwinnik noch einmal kämpfen wolle – er müsse doch verlieren. Tatsächlich unterlag Smyslow, und der ausgezeichnet vorbereitete Botwinnik holte sich den Titel zurück.

Smyslow, der sich als Schüler Tschigorins und Aljechins sieht, wegen der Klarheit seines Spiels aber oft mit Capablanca verglichen wird, nimmt seither mit Erfolg an Großmeisterturnieren teil und erhielt 1967 für seine Verdienste um das Schachspiel den Leninorden.

Ein Vergleich seiner Karriere mit der seiner Zeitgenossen und Gegner zeigt etwas sehr Aufschlußreiches. Die Weltmeister zwischen 1948 und 1963 hießen nacheinander Botwinnik–Smyslow–Botwinnik–Tal–Botwinnik. Als Smyslow 1949 die sowjetischen Meisterschaften gewann, teilte er seinen 1. Platz mit David Bronstein, der seinerseits 1951 Botwinnik nur knapp unterlag, und unentschieden spielte Botwinnik 1954 gegen Smyslow. Beim Aljechin-Gedenkturnier 1956 in Moskau siegte Smyslow – zusammen mit Botwinnik. Mit anderen Worten: Während der zweimal unterbrochenen „Botwinnik-Ära“ 1948–1963 treten immer wieder dieselben Namen in Erscheinung. Botwinnik erstürmte nicht dreimal mit großem Anlauf den Gipfel. Eher trifft das Bild zu, daß er den einmal mühsam erklommenen Gipfel zäh und eben nicht immer mit Erfolg gegen ebenbürtige Gegner verteidigte.

Botwinnik selbst zog daraus den Schluß, indem er sagte, ein Weltmeister sei heute immer nur ein *Primus inter pares,* ein Erster unter Gleichen.

✦

Soloschach

„Ich bin der einzige Mensch, der auf meinem Niveau spielt“, sagt in dem Film nach Dürrenmatts „Der Richter und sein Henker“ der Schriftsteller, als er gefragt wird, warum er mit sich selber Schach spiele, und der Dialog geht weiter:

„Sind Sie so gut?“

„Nein, so schlecht.“

„Und wer gewinnt?“

„Immer der andere.“

Es muß sich um einen besonders selbstkritischen Spieler handeln. Von Fischer stammt das Geständnis: „Ich versuchte fair zu sein und immer für

beide Parteien die besten Züge zu machen, aber gewöhnlich gewann *ich*."

Kann man mit sich – gegen sich – selbst ernsthaft Schach spielen? Ja, mit der aufgeschlagenen Partiensammlung neben dem Brett, um die Partien der Meister zu studieren und Varianten zu erproben. Der Psychiater Wagner von Jauregg schilderte, wie er 1927 eines Nachts um eins durch einen Telefonanruf geweckt wurde und erfuhr, daß er den Nobelpreis erhalten sollte: „Nun war es allerdings mit dem Schlafen nichts mehr. Ich tat das, was ich bei nächtlichen Schlafpausen schon längere Zeit zu tun pflegte: Ich stand auf und spielte Schach mit mir selbst; ich spielte irgendeine Meisterpartie aus irgendeinem Turnier mit dem Steckschach nach."

In jedem anderen Falle kommt nach Ansicht der Experten nur eine gemogelte Partie zustande. Am ehesten wird mit dem Soloschach noch der naive Egoist fertig, der sich selbst alle guten Züge zuschanzt und den „anderen", von dem er sich nachdrücklich distanziert, patzen läßt. Doch ein faires, redliches Spiel gegen sich selbst – das übersteigt beinahe Menschenmaß und ist ohne eine Persönlichkeitsspaltung recht bedenklicher Art kaum vorstellbar.

„Schach ist wie Liebe; es kann nicht allein gespielt werden", meinte Stefan Zweig, und man darf wohl sagen: es sollte nicht allein gespielt werden. Fruchtbar ist nur das Kräftemessen mit einem Gegner, und der Kampf auf dem Schachbrett verbindet im allgemeinen mehr als er trennt. In einem Brief Alexander Puschkins an seine Frau findet sich der schöne Satz: „Ich danke Dir, mein Herz, daß Du Schach spielen lernst; das ist etwas unbedingt Notwendiges in jeder gut organisierten Familie."

✦

Spasski

„Wer ist denn dieser Junge?" fragte der Großmeister und spätere Weltmeister Smyslow erstaunt seinen Sekundanten, als er 1953 im internationalen Turnier in Bukarest von einem Sechzehnjährigen geschlagen wurde.

Der Junge war der 1937 geborene Boris Spasski, damals bereits ein typischer Vertreter der Sowjetischen Schachschule. Spasski wurde mit neun Jahren Mitglied der Schachsektion des Leningrader Pionierpalastes, wo sich der bekannte Trainer Zak des Nachwuchses annahm und Meister wie Botwinnik und Bronstein Simultanvorstellungen gaben. Er bekam ein Stipendium und studierte Journalistik. An dem Turnier in Bukarest nahm er auf Empfehlung

Botwinniks teil, und 1955 war er Jugendweltmeister. Danach erlitt er zweimal eine Niederlage bei den Landesmeisterschaften der UdSSR, und auch in seinem Privatleben hatte er wenig Glück: eine zu früh geschlossene Ehe scheiterte. Er überwand die Rückschläge mit seinem ausgeglichenen, optimistischen Temperament. Im Jahre 1962 gewann er schließlich die Landesmeisterschaften, und 1965 qualifizierte er sich als Herausforderer Petrosjans, dem er jedoch den WM-Titel 1966 noch nicht abnehmen konnte. Das gelang ihm erst beim zweiten Anlauf im Jahre 1969.

Spasski, dessen Stärken ein methodischer, wissenschaftlicher Stil und eine gleich gute Begabung für das Kombinations- und das Stellungsspiel sind, hatte im Laufe der Jahre – seit dem ersten Zusammentreffen in Mar del Plata – dreimal Fischer geschlagen, aber er wußte, daß er in dem um sechs Jahre jüngeren Amerikaner seinen stärksten Konkurrenten hatte, und auch Botwinnik meinte damals: „Die siebziger Jahre werden im Zeichen Spasskis und Fischers stehen."

Bei dem berühmten WM-Kampf des Jahres 1972 in Reykjavik beeindruckte Spasski durch den Gleichmut, mit dem er das provokante Benehmen Fischers ertrug, der nicht einmal zur Eröffnungszeremonie erschienen war (und sich dann in einem geradezu unterwürfigen Brief an Spasski für diese Beleidigung seiner Person und der Sowjetunion entschuldigte). Er verlor seinen Titel an Fischer, der durch Systeme überraschte, die man noch nie bei ihm gesehen hatte und auf die Spasski nicht vorbereitet war.

Nach dieser Niederlage ließen Spasskis Leistungen nach. (Fischer, der „Killer", scheint, wie auch der Fall Petrosjan zeigt, eine lähmende Wirkung auf seine geschlagenen Gegner auszuüben.) Er wurde zwar noch einmal Erster in der Meisterschaft der Sowjetunion und schlug 1973 Byrne im Interzonenturnier, spielte danach aber eher schwach. Als er im letzten Kandidatenturnier gegen Kortschnoj antrat, bekam die Welt einen Vorgeschmack von der politischen Fehde, die dann bei der Begegnung Kortschnoj–Karpow voll ausbrach, hier aber noch einen komischen Beigeschmack hatte. Denn auch Spasski lebte schon nicht mehr in der UdSSR. Er war jedoch nur ein „halber" Dissident und im Gegensatz zu dem abgesprungenen Kortschnoj legal ausgereist, daher galt er noch als Vertreter seines Landes und kämpfte unter dem Zeichen von

Hammer und Sichel. Als er unterlag, meldete die sowjetische Presse, ohne den Namen seines Gegners zu erwähnen, lakonisch: „Spasski verlor."

Spasski lebt heute in Frankreich. Er ist mit einer Französin verheiratet, mit der er ein Kind hat. Neben dem Schach liebt er die Musik und die Romane des rehabilitierten Dostojewski und des Dissidenten Solschenizyn.

✦

Spielgesetze

Sie stellen eine Ergänzung der unter den einzelnen Figuren und Begriffen angeführten Spielregeln dar.

Zu Beginn der ersten Partie entscheidet das Los darüber, wer die weißen Steine führen und den Anzug haben soll. Bei den folgenden Partien wechseln die Spieler einander ab.

Die Partie ist ungültig, wenn sich herausstellt, daß die Steine falsch aufgestellt waren, oder wenn ein unmöglicher, das heißt falscher Zug gemacht und nicht sofort korrigiert wurde und die nachträgliche Wiederherstellung der Position bis zu diesem Zug nicht mehr möglich ist.

Eine unzulässige Rochade ist in der Weise zu korrigieren, daß beide Figuren auf ihre Grundfelder zurückgestellt werden und ein Zug mit dem König gemacht wird. Kann der König nicht ziehen, so genügt die Zurückstellung der Figuren.

Wenn der am Zug befindliche Spieler einen verschobenen Stein zurechtrücken will, muß er diese Absicht vorher bekanntgeben. Er sagt: „Ich stelle zurecht" oder, mit einem international üblichen französischen Ausdruck „J'adoube".

Das wichtigste und am häufigsten mißachtete Spielgesetz, dessen Nichtbefolgung unter Dilettanten zu Streit und Verstimmung Anlaß gibt, lautet daß ein begonnener Zug zu Ende geführt werden muß und daß ein vollendeter Zug nicht zurückgenommen werden darf. Im einzelnen heißt das:

Der am Zug befindliche Spieler, der einen Stein berührt, muß ihn ziehen. „Berührt – geführt" oder französisch *„pièce touchée, pièce jouée"* lautet die Regel. Ebenso muß er einen Stein des Gegners, den er berührt hat, schlagen. Die Berührung hat keine Folgen, wenn der betreffende Stein weder gezogen noch geschlagen werden kann. Berührt ein Spieler mehrere eigene oder gegnerische Steine, so muß der zuerst berührte, wenn möglich, gezogen oder geschlagen werden. Die Schlagpflicht hat Vorrang, wenn ein eigener und ein gegnerischer Stein zugleich berührt werden. Wenn der feindliche Stein auf mehrere Arten geschlagen werden kann, steht dem Berührenden die Wahl zu. Werden mehrere gegnerische Steine zugleich berührt, entscheidet der Gegner, welcher zu schlagen ist. Die Berührung hat wiederum keine Folgen, wenn keiner der Steine geschlagen werden kann. Der Gegner muß Verstöße gegen diese Regeln beanstanden, *bevor* er selbst einen Stein berührt.

Ein Zug gilt als vollendet, wenn der Spieler den Stein losgelassen hat. Beim Schlagen ist der Zug vollendet, sobald der gegnerische Stein vom Brett genommen und der eigene an seine Stelle gesetzt worden ist. Bei der Rochade wird der Zug als vollendet betrachtet, wenn der Spieler den Turm auf

dem vom König überschrittenen Feld losgelassen hat. Wenn der Spieler den König losgelassen hat, ist der Zug noch nicht vollendet, aber es kann kein anderer als die Rochade ausgeführt werden. Bei der Umwandlung eines Bauern gilt der Zug als vollendet, sobald die neue, auf das Umwandlungsfeld gestellte Figur losgelassen wurde.

✦

Der Springer

oder das Pferd, Roß, Rössel oder Rößl – jeder Spieler hat davon zwei, die neben den Türmen stehen – zieht nach allen Seiten, und zwar zunächst ein Feld in gerader und dann eines in schräger Richtung. Dabei kann er einen eigenen oder fremden

Stein überspringen. In der Möglichkeit zu springen und in der abgewinkelten Gangart liegt seine besondere Stärke. Er ist die einzige Figur, die in ungedeckter Stellung sogar die Dame (und gleichzeitig noch andere Steine) angreifen kann, ohne sofort selbst geschlagen zu werden.

Auf dem „Rösselsprung“ wurden seit alters her Denkspiele aufgebaut. Schon die Araber kannten eine Aufgabe, die darin bestand, daß der weiße Springer alle schwarzen Steine, die sich selbst nicht bewegten, mit möglichst wenig Zügen schlagen mußte. Bei einer anderen Aufgabe mußte der Springer alle Felder des Schachbretts einmal berühren und zuletzt zum Ausgangsfeld zurückkehren. In neuer Zeit kennt man noch eine Denkaufgabe, bei der in einer schachbrettähnlichen Figur Silben so angeordnet sind, daß sie sich durch richtig ausgeführte Rösselsprünge zu einem Spruch oder Zitat zusammenfügen.

Historisch betrachtet, ist der Springer die beständigste Figur. Er tritt bald als Pferd, bald als Reiter oder Ritter, also immer als Vertreter der Kavallerie, in allen Zeiten und Ländern auf, im burmesischen Sittuyin, im japanischen Shogi und im Chinaschach ebenso wie im orthodoxen Schach, und er hatte vom Tschaturanga bis zum heutigen Schach die gleiche, offenbar ideale und keiner Verbesserung bedürftige Gangart.

✦

Staunton

Howard Staunton, 1810 als unehelicher Sohn des Count of Carlisle geboren, wuchs in Armut auf. Dem Schachspiel wandte er sich sehr spät zu: mit 19 Jahren erst. Dann aber betrieb er ein gründliches Studium der Theorie, bei dem ihm eine starke analytische Begabung zustatten kam, und 1842 galt er als der beste Spieler Englands. Ein Jahr zuvor hatte er die erste englische Schachzeitung, *The Chess Player's Chronicle*, gegründet, die er bis 1852 herausgab, und als Schachjournalist – er schrieb von 1845 an auch die Schachrubrik in den *Illustrated London News* – leistete er einen wesentlichen Beitrag zur Förderung des Schachs auch über die Grenzen Englands hinaus.

Im Jahre 1843 wurde Staunton von Saint-Amant, dem stärksten Spieler Frankreichs, geschlagen, aber beim Rückkampf im Café de la Régence in Paris, der noch im selben Jahr stattfand, besiegte er den „Thronerben“ von LaBourdonnais und qualifizierte sich damit als inoffizieller Weltmeister. Er galt als bester Spieler der Welt bis 1851. In diesem Jahre machte er sich um das Schach verdient, indem er in London das erste internationale Turnier organisierte, und es muß als eine Ironie des Schicksals angesehen werden, daß er selbst in diesem Turnier nur den 4. Platz belegen konnte. Der Sieger hieß Adolph Anderssen.

Nachdem er 1853 auch noch einen Wettkampf gegen von der Lasa verloren hatte, wich Staunton, dem man große Eitelkeit nachsagte und der sich in seiner Schachrubrik auch weiterhin als „Weltmeister“ gebärdete, allen internationalen Begegnungen aus. Vor allem lehnte er einen Wettkampf gegen Morphy ab, den er unter seiner Würde zu finden vorgab. Er fragte, was dieser Morphy „außer seinem Schachspiel noch vorzuweisen habe“, und schrieb: „Im Gegensatz zu den Amerikanern sind die besten Spieler Europas keine Berufsschachspieler, sondern sie haben noch andere, ernstere Beschäftigungen.“ Stauntons „ernstere Beschäftigung“ war die Shakespeareforschung, der er sich zuletzt, bis zu seinem Tode im Jahre 1874, ausschließlich widmete. Er wird manchmal als „bedeutender Shakespeareforscher“ bezeichnet, galt aber zu seiner Zeit in Fachkreisen als Dilettant.

Staunton entwarf 1848 eine neue Form von einfachen und leicht herzustellenden, aber schönen Schachfiguren, die als „Staunton-Figuren“ noch heute Gültigkeit haben und von der FIDE bei allen internationalen Begegnungen vorgeschrieben werden. Und schließlich ist es nicht das geringste seiner Verdienste, daß er in seiner Schrift *Chess Praxis* Regeln festlegte, die nach 1860 allgemein befolgt und nur noch nach 1929 von der FIDE in einigen Details ergänzt wurden. Davor hatte man vor jedem Turnier oder Wettkampf die anzuwendenden Regeln eigens vereinbaren müssen.

✦

Steinitz

Den Michelangelo des Schachspiels nannte ihn sein Biograph Hannak, den „größten Grotesken des Schachs“ Aljechin, für den Schachhistoriker Buckley war er „die böseste Zunge Europas“, und alle sehen in ihm eines der größten Genies, die das Schach hervorbrachte.

Er kam am 14. Mai 1836 als Sohn eines kleinen Eisenwarenhändlers in der Prager Altstadt zur Welt und hieß mit Vornamen Wolf. Später machte er daraus Wilhelm und noch später William. Er studierte an der Technischen Hochschule in Wien, verkehrte im Café Rebhuhn, wo sich die Schachfreunde versammelten und der aus dem Exil zurückgekehrte Falkbeer den Ton angab, und begann selbst Schach zu spielen. Bald blieben die finanziellen Zuwendungen von zu Hause aus, Steinitz, ein durch Kinderlähmung mißgestalteter kleiner Mann mit einem großen Kopf und einem dichten Haarschopf, gab das Studium auf und fristete sein Dasein durch journalistische Gelegenheitsarbeiten und bescheidene Gewinne aus Kaffeehauspartien.

Seine eigentliche Karriere begann, als er dank der Hilfe seiner Wiener Schachfreunde am 2. Internationalen Schachkongreß in London teilnehmen konnte. Er wurde Sechster und blieb, da er in Londoner Schachkreisen bereitwillig aufgenommen wurde, 20 Jahre in England. Er spielte damals noch im romantischen Stil mit gewagten Kombinationen, besiegte der Reihe nach die britischen Meister und wurde zum inoffiziellen Weltmeister, als er 1866 Anderssen schlug. Jedenfalls ernannte er sich selbst zum „Champion of the World".

Der ehemalige Mathematikstudent mit dem Hang zur exakten Wissenschaft mißtraute jedoch auf die Dauer der „Romantik". Durch jahrelanges Probieren und Studieren entwickelte er die Grundsätze des Stellungsspiels. Nicht mit den Fehlern des Gegners rechnen, sich nicht auf die Inspiration verlassen, die Verteidigung ausbauen, die Positionsschwächen des Gegners erkennen und auswerten, den Raum beherrschen, kleine Stellungsvorteile sammeln und erst aus einer starken Position heraus

angreifen: das waren, grob zusammengefaßt, seine Lehrsätze. Steinitz wurde zum Schöpfer des „klassischen“ Stils, des „wissenschaftlichen Positionsstils“.

Sein stärkster Gegner vor Lasker war der aus Polen stammende Johannes Hermann Zukertort. Steinitz unterlag ihm 1883 im Londoner Turnier. Im selben Jahr übersiedelte er nach New York. Als 1886 der erste offizielle WM-Kampf in New York, St. Louis und New Orleans ausgetragen wurde, forderte er Zukertort und schlug ihn mit 10:5. (Der ohnehin kränkelnde Zukertort war nach dieser Niederlage völlig gebrochen. Er starb zwei Jahre später.) Von nun an war Steinitz *offizieller* Weltmeister, der erste der Schachgeschichte, und er verteidigte seinen Titel erfolgreich bis 1894, dann mußte er ihn an Lasker abtreten. Einen Rückkampf verlor er, und es waren ihm auch keine weiteren Erfolge mehr beschieden.

Das Leben dieses genialen Schachmeisters endete tragisch. In St. Petersburg verliebte sich 1895 eine achtzehnjährige Schachspielerin, eine Waise, in den beinahe Sechzigjährigen. Die unglückliche und unsinnige Affäre, in der Steinitz eine eher passive Rolle spielte, endet damit, daß er auf Betreiben des Vormunds der jungen Dame in eine Moskauer Irrenanstalt gesteckt wurde. Er wurde schließlich entlassen, als man nervöse Erschöpfung statt Irreseins diagnostizierte. Tatsächlich lebte er zuletzt in geistiger Umnachtung. Er behauptete einmal, mit einer Bauernvorgabe gegen Gott gespielt und gewonnen zu haben.

Wilhelm Steinitz starb in großer Armut am 12. August 1900.

✦

Strategie und Taktik

Strategie ist laut Brockhaus die „Theorie und Praxis der Führung eines Krieges und die Führung von Kriegshandlungen, die entscheidenden Einfluß auf den Ablauf eines Krieges haben“. Die Taktik betrifft dagegen „die Führung von Truppen ... in das Gefecht und auf dem Gefechtsfeld“. Diese Definitionen treffen unverändert auch auf das Schachspiel zu.

In der Strategie wird ein allgemeiner Plan gewählt und entwickelt. So galten beispielsweise in der italienischen Schachschule als Grundelemente der Strategie der schnellstmögliche Aufmarsch der Figuren und ein rascher Angriff auf den König, während Philidor seine Strategie auf eine geschlossen vorrückende, starke und bewegliche Bauernkette stützte. Und mit strategischen Überlegungen befaßte sich Leo Tolstoj, als er schrieb: „Beim Schach ist darauf zu achten, daß das Wesentliche nicht darin besteht, irgendwelche gewaltsame, unerwartete und riskante Züge zu machen, sondern die Figurenkombination so zu berechnen, daß sie sich langsam und fließend entwickelt.“

Allen Strategien liegen gewisse Prinzipien wie, zum Beispiel, das der materiellen und zeitlichen Ökonomie zugrunde, demzufolge große Wirkungen mit möglichst geringen Mitteln anzustreben und Angriffe so schnell wie möglich vorzutragen sind, um Gegenangriffen vorzubeugen. Selbstverständlich ist die Wahl einer bestimmten Strategie nicht nur eine Frage der Schule oder Richtung, der sich ein Spieler verpflichtet fühlt, sondern nicht zuletzt auch eine Sache des individuellen Charakters und Temperaments und der Einschätzung des Gegners.

Geht es bei der Strategie darum, *was* geschehen soll, so entscheidet die Taktik über das *Wie*. Man betrachtet nun den einzelnen Zug, das Manöver oder die Operation, das heißt eine Folge von mehreren, einer bestimmten Absicht dienenden Zügen, und die Kombination oder „taktische Wendung“ wie die Fesselung einer Figur, eine Pattkombina-

tion, Mattkombinationen oder Doppelangriffe, bei denen, zum Beispiel, ein Doppelschach geboten oder eine Gabel angesetzt wird. Die Intuition spielt in der Taktik manchmal eine ebenso große Rolle wie die Berechnung.

Zur endgültigen Klärung der Begriffe sei der österreichische Großmeister Savielly Grigoriewitsch Tartakower zitiert:

„Der Taktiker muß wissen, was er zu tun hat, wenn es etwas zu tun gibt; der Stratege muß wissen, was er zu tun hat, wenn es nichts zu tun gibt."

✦

Ströbeck

In Thüringen, in der Nähe von Halberstadt, liegt das einzige „Schachdorf" der Welt: Ströbeck. Schach ist dort Pflichtfach in der Volksschule, die Kinder legen alljährlich ein Schachexamen ab, und der Titel Schachdorf ist insofern gerechtfertigt, als sich tatsächlich vom Abc-Schützen bis zur Großmutter alle Einwohner mit dem Schach beschäftigen.

Allerdings mit einer sehr eigentümlichen Spielart: Das Brett wird mit einem schwarzen Feld zur Rechten aufgelegt, Dame und König tauschen wie im arabischen Schach die Plätze, so daß die weiße Dame auf Schwarz steht und die schwarze auf Weiß, und bevor die Partie beginnt, machen auf beiden Seiten die a-, d- und h-Bauern und ebenso die Damen einen Doppelschritt nach vorn. Diese Ausgangsstellung, die an eine arabische Tabija erinnert, heißt „der Aussatz". Die anderen Bauern kennen den Doppelschritt aus der Grundstellung nicht, und unbekannt ist auch die Rochade. Offenbar hat sich hier eine jahrhundertealte Form des Schachspiels erhalten.

Eine Sage berichtet von einem vornehmen Gefangenen, den die Ströbecker im 11. Jh. auf Befehl des Bischofs im Turm – er steht noch heute und ist als „Schachturm“ bekannt – verwahrten. Der Gefangene, ein wendischer Graf namens Guncelin oder Gonzellin, lehrte sie das Schachspiel, um sich die Zeit zu vertreiben. Nach dem Magdeburger Pfarrer Koch, der 1801 eine „Schachspielkunst“ veröffentlichte, suchte ein mit seinem Bischof zerstrittener Domherr aus Halberstadt in Ströbeck Zuflucht. Er brachte den Einwohnern das Spiel bei und befreite sie später als Bischof von allen Abgaben.

Herzog August von Braunschweig-Wolfenbüttel war der erste, der das Ströbecker Spiel – 1617 in seinem Schachlehrbuch – erwähnte, und 1651 schenkte der Kurfürst Friedrich Wilhelm von Brandenburg den Ströbeckern ein noch erhaltenes wertvolles Schachbrett mit silbernen Figuren. Friedrich der Große spielte 1744 auf der Durchreise eine Partie mit dem Dorfschulzen. Er verlor und schickte danach jedes Jahr einen Abgesandten nach Ströbeck, der mit einem der Bauern eine Partie Schach spielte. Gewann der Ströbecker, brauchte die Gemeinde ein Jahr lang keine Abgaben zu entrichten.

Die Ströbecker halten an ihrer alten Tradition fest. Das Gemeindesiegel hat die Form eines Schachbretts, auf dem Kirchturm dreht sich statt eines Hahns ein Schachbrett im Wind, und die Pioniere von Ströbeck – wir befinden uns in der DDR – tragen ein Schachemblem auf ihrem Hemd. Aufgegeben hat man allerdings den Brauch, daß der junge Mann seine Braut dem Schulzen im Schachspiel abgewinnen oder ein Lösegeld zahlen muß.

✦

Tal

„Ohne Zweifel ist ihm die seltene Göttergabe einer phänomenalen und raschen Berechnung der Varianten in größerem Maße zuteil geworden als irgendeinem der zeitgenössischen Schachspieler. Daher vermag Tal seine Partien auf Wegen zu lösen, die jedem anderen unzugänglich sind", schrieb der russische Journalist Wajnstejn über Michail Tal.

Seine Wettkampfgegner drücken sich etwas einfacher aus. Sie sagen, Tal richte auf dem Schachbrett ein Chaos an, in dem nur er selbst sich noch auskenne. Er spielt aggressiv, scharf, kompromißlos, unorthodox und trägt anscheinend nicht ganz zu Unrecht den Beinamen der „Schwarze Panther aus Riga". Er ist ein „Neoromantiker" und wird wegen seines einfallsreichen Spiels und seiner Kombinationsstärke mit Aljechin verglichen. Und er gilt als guter Psychologe.

Sein Lebenslauf ist typisch für einen sowjetischen Meister. Michail Tal wurde am 9. November 1936 als Sohn eines Arztes geboren. Als Zwölfjähriger – Lettland war mittlerweile der Sowjetunion angegliedert worden – wurde er Mitglied der Schachsektion des Rigaer Pionierpalastes. Sein Trainer und späterer Sekundant war der Rigaer Alexander Koblenz (der Betreuer der sowjetischen Nationalmannschaft bei der Olympiade 1960), und Tal entwickelte sich rasch zu einem hervorragenden Spieler. Daneben studierte er Philologie und wurde Journalist. Er gewann 1953 die Meisterschaft von Lettland, 1957 die 24. Sowjetische Meisterschaft, wurde 1959 Erster im Züricher Turnier und gewann im gleichen Jahr das Kandidatenturnier und qualifizierte sich damit als Herausforderer des Weltmeisters Botwinnik, den er 1960 schlug.

Dann beging der große Psychologe einen merkwürdigen Fehler. Botwinnik war während des Kampfes oft in Zeitnot geraten, und es war Tal gelungen, ihn durch überraschende Züge und Figurenopfer aus der Fassung zu bringen. Nun veröffentlichte er einen Aufsatz, in dem er die gegen Botwinnik angewandte Taktik erläuterte und bekannte, daß er bewußt mit der Zeitnot seines Gegners spekuliert und unkorrekt gespielt hatte. Damals gestanden die Bestimmungen der FIDE dem besiegten Weltmeister das Recht auf einen Revanchekampf zu, und 1961 gelang es einem – nicht zuletzt durch Tal selbst – gut vorbereiteten Botwinnik, der die psychologischen Tricks seines Gegners durchschaute und nicht mehr in Zeitnot geriet, den WM-Titel zurückzuerobern.

Für Tal begann damit eine Reihe von Mißerfolgen, an denen zum Teil auch eine Nierenerkrankung schuld gewesen sein mag. Er änderte seinen Stil und stellte sich auf ein ruhigeres Positionsspiel um. Erst in den siebziger Jahren hatte er wieder Erfolge zu verzeichnen. Er belegte 1976 im Interzonenturnier in Biel mit Portisch und Petrosjan den 2. bis 4. Platz hinter Larsen. Da für die Kandidatenwettkämpfe nur drei Spieler zugelassen sind, hätte er sich durch einen weiteren Kampf qualifizieren müssen, aber er trat überraschenderweise aus unbekannten Gründen zurück.

✦

Tamerlan

Der berühmt-berüchtigte Mongolenherrscher, der im 14. Jh. wiederholt Kaukasien und den Iran heimsuchte, Indien bis Delhi eroberte und 1402 Sultan Bajasid I. bei Ankara schlug, war ein Liebhaber des Schachspiels, aber er hatte wohl zu weite Räume durchstreift, um mit nur 64 Feldern sein Auslangen zu finden.

Sein Schachbrett hatte 10×11 Felder plus je einem Quadrat an den Ecken. Die Figuren hießen König, General, Wesir, Giraffe, Kamel, Elefant, Reiter, Turm, Kriegsmaschine u. ä., und gespielt wurde nach von Tamerlan modifizierten, dem Kriegshandwerk angepaßten Regeln.

Es wird berichtet, daß Tamerlan eines Tages eben den gegnerischen König mit seinem Königsturm mattgesetzt hatte, als ein Bote eintraf, der

ihm die Geburt eines Sohnes und die Einnahme einer Stadt meldete. Um das Andenken an seinen Sieg zu verewigen, gab er seinem Sohn den Namen Shahrukh – Königsturm.

Das Tamerlan-Schach stellte offensichtlich eine Erweiterung des „Großen Schachs" dar, das im 13. und 14. Jh. in Mittelasien verbreitet war und auf einem Brett von 100 Feldern mit ähnlichen Figuren – unter anderen auch dem sagenhaften Vogel Rock und dem Bären – gespielt wurde.

✦

Der Tauschwert

drückt den Durchschnitt der Steine im Verhältnis zueinander aus und ermöglicht dem Spieler die ungefähre Einschätzung der jeweiligen Kampfkraft seines Materials. Die Dame hat als stärkste Figur etwa den Wert von zwei Türmen oder drei Leichtfiguren oder von einem Turm plus einer leichten Figur plus ein bis zwei Bauern. Ein Turm entspricht etwa einer Leichtfigur (Springer oder Läufer) und ein bis zwei Bauern. Der Läufer kann etwa dem Springer gleichgesetzt werden, und eine Leichtfigur hat ungefähr den Wert von drei Bauern.

Maßgeblich für den tatsächlichen Wert einer Figur ist jedoch letzten Endes immer ihre Stellung und das Zusammenspiel mit anderen Steinen. Wenn ein Läufer als etwa ebenso stark wie ein Springer gilt (wobei allerdings von vornherein zu bedenken ist, daß ein Springer alle Felder des Brettes erreichen kann, ein Läufer aber nur die einer Farbe), so sind *zwei* Läufer zusammen dank der Beherrschung aller weißen und schwarzen Felder etwas stärker als zwei Springer. Ebenso sind zwei verbundene Türme in der Regel stärker als die Dame – vor allem in der Defensive, denn die Dame ist zwar die stärkste Figur im Angriff, verliert aber an Wert in der Verteidigung, da ihr Tausch gegen eine angreifende Figur immer einen schweren Verlust bedeutet. Die Bauern schließlich haben eine vergleichsweise geringe Stärke im Mittelspiel, gewinnen aber an Wert im Endspiel.

Mit dem Tauschwert hängt auch der Begriff „Qualität“ zusammen. Man versteht darunter den Mehrwert eines Turmes gegenüber einer Leichtfigur wie oben angedeutet. Tauscht man einen Turm gegen einen Läufer oder Springer, so entsteht ein „Qualitätsverlust“, kann man dagegen unter Aufopferung eines Läufers oder Springers einen Turm schlagen, so verbucht man einen „Qualitätsgewinn“.

✦

Tempo

bedeutet nicht die Schnelligkeit, mit der gespielt, das heißt gezogen wird. Gemeint ist vielmehr das Zeitmaß der Entfaltung der Streitkräfte oder, anders gesagt, der Zeitvorsprung, den ein Spieler hat, um seine strategischen Absichten zu verwirklichen, beziehungsweise die des Gegners zu durchkreuzen. Ein Zug, der einen Zeitvorsprung schafft, bedeutet einen „Tempogewinn“. Im gegenteiligen Fall spricht man von einem „Tempoverlust“. Letzterer ist besonders gut bei schwachen Spielern zu beobachten, deren Partien nicht „vom Fleck kommen“, weil durch Planlosigkeit und nutzlose Züge und Rückzüge auf beiden Seiten ständig Tempo verloren wird.

Ein guter Spieler wird oft lieber einen Abtausch vornehmen, das heißt einen gegnerischen Stein schlagen und dabei seinen eigenen, gleichwertigen, einbüßen, als durch einen Rückzug Tempo verlieren. Nimzowitsch nannte diese Operation mit einem dem Geschäftsleben entliehenen Ausdruck „Liquidieren“.

✦

Der Turm

gehört mit der Dame zu den „Schwerfiguren“. Er bewegt sich auf den Linien und Reihen, das heißt vertikal und horizontal, beliebig weit gerade aus. Jede Partei hat zwei Türme, die auf den Eckfeldern aufgestellt werden.

Wer das Schachspiel kennenlernt, wundert sich nicht selten darüber, daß der Turm, der Inbegriff des Feststehenden, Wuchtigen, sich nicht nur bewegen kann, sondern obendrein sogar ein Langschrittler ist. (Der Anfänger merkt dann allerdings bald: leicht ist der Turm nicht zu bewegen, das heißt ins Spiel zu bringen, da man ihm erst Raum schaffen muß.) Die Erklärung ist zunächst einfach. An seiner Stelle stand ja in Indien, in Persien und in den arabischen Ländern ein Wagen, und die Figur hieß im Mittelalter Roch.

Woher nahm aber der Roch eines Tages die Form eines Turms? Dafür gibt es bisher zwei Erklärungen. Roch klingt so ähnlich wie das italienische *rocca* = Festung, und die einfachste stilisierte Darstellung einer Festung ist der Turm. Die zweite

Erklärung nimmt ein Mißverständnis, eine Verwechslung an. Indische Händler verkauften in Europa Schachfiguren, von denen die Läufer, wie in Indien üblich, als Elefanten mit einem kleinen Turm (der ein Wehrturm war) auf dem Rücken dargestellt waren. Der Läufer hieß zwar Fil oder Alfil, was Elefant bedeutete, hatte aber in normalen Figurensätzen nicht die Gestalt eines Elefanten. Man brachte daher den Elefanten nicht mehr mit dem Fil in Verbindung, wußte mit diesen „Elefantentürmen“ nichts anzufangen, stellte sie auf den Platz des Rochs – und ließ schließlich den Elefanten unter dem Turm weg.

Bei diesem ganzen Verwechslungsspiel ist zu bedenken, daß die Europäer beim ersten Kontakt mit dem arabischen Schach nicht naturalistisch ausgeführte Gestalten von Königen, Wesiren und so fort zu sehen bekamen, sondern – bis zur Unkenntlichkeit – stilisierte Figuren mit Namen, die man im allgemeinen nicht verstand. Ein Roch war nichts Konkretes, sondern lediglich ein Schachstein mit einer bestimmten Gangart. Die stilisierten Figuren des Islam mußten in Europa erst wieder in Gestalten zurückverwandelt werden, und wie das Beispiel des Läufers zeigt, konnte man dabei ganz verschiedene Wege gehen, so daß zuletzt von den ursprünglichen Figuren des indischen Tschaturanga nur noch König und Springer übrig blieben – und die Bauern, wenn man sie als die typischen „Fußsoldaten" mittelalterlicher Heere den indischen *padati* gleichsetzen will.

✦

Turniere

nennt man alle Kämpfe, an denen mehr als zwei Spieler beteiligt sind. Sieger eines Turniers ist jedoch immer ein Einzelkämpfer, nicht, wie bei Länderkämpfen (Schacholympiaden etc.), eine Mannschaft. Der Ausdruck „Wettkampf" mag als Sammelbezeichnung oder im übertragenen Sinne für alle Begegnungen verwendet werden: im korrekten Sprachgebrauch bedeutet er nur den Kampf zwischen *zwei* Spielern.

Die Zahl der nationalen Turniere in allen Ländern der Welt ist praktisch nicht erfaßbar. Internationale Turniere werden seit 1851 veranstaltet, und ihre Zahl nimmt ständig zu. Waren es noch im ersten Jahrzehnt unseres Jahrhunderts insgesamt nur 54, so werden zur Zeit *alljährlich* rund 30 Turniere ausgetragen. Neben den „normalen" Schachturnieren gibt es Fernschachturniere und Blindenschachturniere auf nationaler und internationaler Ebene.

✦

U

Umwandlung

ist eine andere Bezeichnung für die Verwandlung eines Bauern, der die letzte Reihe des Spielbretts erreicht hat. Den Regeln nach kann der Bauer in eine Dame, einen Turm, einen Läufer oder einen Springer verwandelt werden – eine Wahlmöglichkeit, deren Sinn dem Anfänger zunächst nicht einleuchtet, da doch die Dame die stärkste und damit scheinbar auch vorteilhafteste Figur ist.

Der Sinn der Wahl wird dem Neuling jedoch sofort klar, wenn er zum erstenmal einen Bauern stolz in eine Dame verwandelt hat und plötzlich erkennen muß, daß der gegnerische König im Patt steht, während etwa ein hinzugewonnener Springer das augenblickliche Matt bedeutet hätte.

Mit anderen Worten, bei der Umwandlung ist zu prüfen, wie der gegnerische König steht, und ob nicht eine andere Figur als die Dame für sich allein oder im Zusammenspiel mit anderen Figuren bessere Dienste leistet.

✦

Unmöglicher Zug

Man versteht darunter einen Zug, der den Spielregeln widerspricht, also die Bewegung eines Steins in falscher Gangart, den Schritt des Königs auf ein vom Gegner bedrohtes Feld oder die Bewegung eines anderen Steins, wenn der König im Schach steht.

Ein unmöglicher Zug muß vom Gegner beanstandet und korrigiert werden. Wird er erst später bemerkt, ist die diesem Zug vorausgegangene Stellung wiederherzustellen. Beim Blitzschach bedeutet jedoch ein beanstandeter unmöglicher Zug den augenblicklichen Verlust der Partie.

Unsterbliche Partien

Diesen Ehrennamen nehmen mehrere Schachpartien für sich in Anspruch, unter anderem Rubinsteins Unsterbliche aus dem Jahre 1908 (der Gegner war Rotlevi), die zwischen Glücksberg und Najdorf 1935 in Warschau gespielte Polnische Unsterbliche und die Unsterbliche Zugzwangpartie Sämisch–Nimzowitsch 1923 in Kopenhagen.

Die bekannteste und berühmteste ist Anderssens Unsterbliche. Adolph Anderssen (Weiß) spielte sie 1851 nach dem internationalen Turnier in London als Freie Partie im Londoner Café *Chess Divan* gegen Kieseritzki. Das Erstaunliche an dieser an überraschenden Einfällen reichen Partie ist, daß beim Matt nach 23 Zügen Schwarz nur drei Bauern eingebüßt und noch *alle* Figuren auf dem Brett stehen hatte, während der Sieger Weiß zwei Bauern verloren und scheinbar bedenkenlos einen Läufer, beide Türme und zuallerletzt auch noch die Dame geopfert hatte.

V

Das Vasarely-Schach

Es stellt ein Ereignis in der Schach- und in der Kunstgeschichte dar: Victor Vasarely, der 1908 in Ungarn geborene und seit 1930 in Frankreich lebende Maler, der zu den bedeutendsten und einflußreichsten Vertretern der Kunst unseres Jahrhunderts zählt, schuf ein Schachspiel, das nicht nur als Kunstwerk ein besonders schönes Beispiel moderner Formgestaltung ist, sondern als Schachspiel älteste geistige Inhalte mit heutigen Auffassungen vereinigt.

Das 70×70 cm große, völlig unkonventionelle – schräg in ein zweites, geometrisch gestaltetes Quadrat einkomponierte – Brett ist eine gerahmte Plexiglasplatte in 26 Farbnuancen, unter denen Blautöne, den Kosmos symbolisierend, vorherrschen. Die Figuren sind handgearbeitet: Prismen von unterschiedlicher Höhe und Form aus opakem (für Schwarz) und transparentem (für Weiß) Acrylglas, die an die herkömmlichen Figurenbilder nicht einmal mehr im entferntesten erinnern. Vasarely selbst schreibt dazu:

„Das Schachspiel nimmt den ersten Platz in meinem Alphabet der Kunst ein, denn die Figuren sind das Sinnbild unserer Gesellschaftsordnung, sie symbolisieren unsere Erfolge und Niederlagen. Mit der Abstraktion kann ich die Positionierung des Menschen im Universum, die zwingende Logik der

Mathematik und Geometrie und das Zurückführen der gesamten Bildenden Kunst auf einfachste Grund-Werte in einer vollkommenen Synthese darstellen.“

Die absolute Abstraktion der Figuren, die bisher nur gelegentlich auf eine spielerische oder in künstlerischer Hinsicht unbefriedigende und daher nicht überzeugende Weise versucht wurde, ist nicht nur dazu geeignet, ein „Modell des Weltgeschehens“ darzustellen, als das viele das ursprüngliche Schach sehen wollen: sie drängt sich einem als etwas Logisches und Sinnreiches auf. Wir halten aus Tradition an alten Namen und Bildern fest, aber wer denkt heute noch an das Fußvolk der alten Feldschlachten, wenn er erwägt, ob er mit „e4“ oder „d4“ eröffnen soll, wer wirft im Geiste noch die Kavallerie ins Gefecht, wenn er einen Springer bewegt, wer *empfindet* noch: Dame, König, Turm?

Wir haben gesehen, daß sich die Figuren, die Bilder, im Laufe der Geschichte wandelten. Wäre nicht die Zeit gekommen, die alten, teils so schlecht sitzenden Gewänder (man denke an die „Dame“ und ihre tatsächliche Funktion) ganz abzustreifen, das von niemandem mehr ernst genommene Soldatenspiel ganz aufzugeben und die Figuren auch in ihrer äußeren Erscheinung auf der – abstrakten – geistigen Ebene zu präsentieren, auf der sie tatsächlich agieren?

Das schöne Vasarely-Schach hat freilich einen Nachteil: Es erscheint in einer einmaligen Weltauflage von nur 1500, vom Künstler handsignierten und nicht eben billigen Exemplaren, und die echten Liebhaber des Schachs und der Kunst Vasarelys werden einige Mühe haben, den Snobs ein paar Exemplare vor der Nase wegzuschnappen.

✦

Das Vierschach

ist eine Variante des Schachspiels, die heute beinahe ausgestorben ist, im 19. Jh. aber sehr beliebt war und Vorläufer mit anderen Brettformen in früheren Jahrhunderten hatte. Katharina die Große, zum Beispiel, war eine Liebhaberin dieses Schachs.

Gespielt wird seit dem vorigen Jahrhundert auf einem erweiterten Brett, bei dem auf jeder Seite drei Felderreihen angestückelt sind, so daß das ganze Spielbrett die Form eines quadratischen Kartons mit niedergeklappten Seitenwänden hat. Auf den beiden äußersten Reihen der Ansatzstücke stellen die vier Spieler die üblichen Steine in der gewohnten Anordnung auf. Wie beim Bridge spielen jeweils die beiden Gegenübersitzenden zusammen, und die Steine sind entsprechend getönt oder gekennzeichnet. (Es spielen also beispielsweise Weiß und Gelb gegen Schwarz und Rot.)

Dieses Vierschach soll hier lediglich als Besonderheit, als eine Erscheinung in der Geschichte des Schachs erwähnt werden. Ein näheres Eingehen auf die (leicht variierten und erweiterten) Spielregeln würde nicht nur zu weit gehen, sondern auch wenig Sinn haben, denn vollkommen einheitliche und verbindliche Regeln hat es nie gegeben. So herrscht, zum Beispiel, nicht einmal Übereinstimmung in der Frage, ob sich die Partner, etwa durch den Austausch schriftlicher Botschaften, beraten dürfen oder nicht, und während nach der einen Regel beide gegnerische Könige mattgesetzt werden müssen, wird nach der anderen ein König vom Brett geschlagen, und der befreundete König übernimmt sozusagen das Kommando über das seines Anführers beraubte Heer, bis er mattgesetzt wird oder siegt.

Der Reiz des Vierschachs bestand sicherlich darin, daß es Gelegenheit zu geselligem Beisammensein bot, während das Zweischach letzten Endes immer ein einsamer Kampf ist.

✦

Die Vorgabe

Wenn sich in freien Partien Spieler von sehr unterschiedlicher Stärke gegenübersitzen, so daß der Ausgang von vornherein feststeht und das Spiel für den einen uninteressant und für den anderen entmutigend werden kann, gibt der Stärkere Material oder Züge vor, das heißt, er verzichtet auf eine Figur und (oder) gesteht einen Extrazug zu.

Im 19. Jh. war die Vorgabe auch noch in Wettkämpfen üblich. Von diesem Brauch ist man abgekommen. Man sorgt heute dafür, daß in der Regel ebenbürtige Partner gegeneinander antreten. Einer der berühmtesten Vorgabespieler war der 1847 verstorbene Meister und napoleonische General Deschapelles, der im Café de la Régence als Berufsspieler amtierte und das Schachspiel schließlich aufgab, als er sich gegen seinen Schüler LaBourdonnais mit Vorgabe nicht mehr behaupten konnte.

Eine sonderbare Art der Vorgabe praktizierte schwachen Spielern gegenüber der polnische Meister Simon Winawer in Kaffeehauspartien. Er ließ sie zu Beginn der Partie fünf Minuten lang beliebige Züge machen und stellte nur die Bedingung, daß kein Stein über die Mitte des Brettes zog. Eines Tages mußte er allerdings die Entdeckung machen, daß auch ein mittelmäßiger Spieler seine Steine unter diesen Bedingungen so aufstellen kann, daß er in zwei Zügen mattsetzt – ein Problem, das jeder Amateur selbst austüfteln kann.

✦

Der Weltschachbund

Er ist die Dachorganisation aller nationalen Schachverbände und wird abgekürzt FIDE (für *Fédération Internationale des Echecs)* geschrieben. Im Jahre 1977 gehörten ihm die Verbände von 97 Nationen an. Gegründet wurde er am 20. Juli 1924 anläßlich der ersten, im Zusammenhang mit den Olympischen Spielen in Paris veranstalteten, noch inoffiziellen Schacholympiade. Seine Devise lautet: *Una gens sumus* – Wir sind eine Familie.

Zu den Aufgaben des Weltschachbundes gehört die Organisation von (Herren-, Damen- und Jugend-)Weltmeisterschaften, Schacholympiaden der Herren, Damen und Studenten und Europameisterschaften der Länder- und Vereinsmannschaften. Er verleiht die Titel Großmeister, Internationaler Meister, Internationale Frauenmeisterin, Internationaler Schiedsrichter, Problemschach-Großmeister und Internationaler Schiedsrichter für Schachkompositionen und unterhält eigene Kommissionen für Frauen- und Jugendschach, Spielregeln, Probleme und Studien und Qualifikationsfragen.

Eine der wichtigsten Aufgaben des jungen Weltschachbundes war – auf dem Kongreß des Jahres 1929 in Venedig – die Schaffung eines Codex von international verbindlichen Spiel- und Turnierregeln, die mit einigen später vorgenommenen Änderungen und Zusätzen noch heute gelten.

Die ersten Präsidenten des Weltschachbundes waren der Holländer Alexander Rueb (1924 bis 1949) und der Schwede Folke Rogard (1949 bis 1970). Seit 1970 hat wieder ein Holländer das Amt des Präsidenten inne: der ehemalige Weltmeister (1935–1937) Dr. Max Euwe. Einer der elf Vizepräsidenten (jede Zone hat ihren eigenen) ist zur Zeit der steirische Landesrat Jungwirth.

✦

Wertungssysteme

Der Gedanke, die Stärke von Schachspielern zu messen, durch vergleichbare Zahlen oder Koeffizienten auszudrücken und dadurch eindeutig definierbare Kategorien aufzustellen, kam schon im 19. Jh. auf, konnte sich aber damals nicht durchsetzen. Erst in den letzten Jahrzehnten wurden in Deutschland, England und den USA Wertungssysteme eingeführt und erprobt.

In Deutschland ist das Ingo-System üblich, das 1950 von A. Hößlinger aus Ingolstadt erdacht wurde. International durchgesetzt hat sich das amerikanische Elo-System, dessen Schöpfer Arpad Elo, Professor für Theoretische Physik an der Universität Milwaukee, ist. Beide Systeme beruhen auf der Berechnung der Leistungen eines Spielers in einer möglichst großen Anzahl von Turnieren, und der bemerkenswerte Unterschied liegt darin, daß mit zunehmender Spielstärke die Ingo-Zahl *kleiner*, die Elo-Zahl aber *größer* wird. Für die Umrechnung genügt jedoch die einfache Formel Elo = 2800–7.5 × Ingo.

Das Elo-System wird vom Weltschachbund verwendet, und die Elo-Zahlen werden jährlich veröffentlicht. Die sogenannte Elo-Liste enthält die

Namen aller Spieler, die auf internationalen Turnieren mindestens 10 Partien gespielt und dabei mindestens 2300 Punkte erreicht haben. Auf der Rangliste der BRD führte 1977 Hübner mit 2600, auf der Weltrangliste Karpow mit 2690 Wertungspunkten. (Zum Vergleich: ein Spieler der niedrigsten bewerteten Kategorie hat eine Elo-Zahl von 1400 und mehr.)

Die Wiener Schachgesellschaft

wurde 1857 gegründet und versammelte die stärksten Spieler ihrer Zeit, Meister wie Falkbeer, Ignaz Baron von Kolisch, Berufsschachspieler, Sieger im Pariser Turnier von 1867 vor Winawer und Steinitz, späterer Bankdirektor und – zusammen mit Albert Baron Rothschild – Mäzen der Schachgesellschaft, Adolf Schwarz und Max Weiß und eine Zeitlang Steinitz, der später nach London ging.

In den Jahren 1872–1874 veranstaltete die Wiener Schachgesellschaft einen telegrafischen Wettkampf mit dem *City of London Chess Club*, der gewann und auf dessen Seite nun Steinitz mitkämpfte. Um dieselbe Zeit organisierte sie anläßlich der Wiener Weltausstellung und des 25. Regierungsjubiläums Kaiser Franz Josephs ein internationales Schachturnier, das 40 Tage dauerte und an dem unter anderen Steinitz, damals schon offizieller Weltmeister, Anderssen, der Engländer Bird und der deutsche Meister Paulsen teilnahmen.

Die Wiener Schachgesellschaft schloß sich 1897 mit dem seit 1888 bestehenden „neuen Wiener Schach-Club“ zum „Wiener Schach-Club“ zusammen, der bald nach dieser Fusion 500 Mitglieder zählte.

Würfelschach

Eine rund tausend Jahre alte Abart des Schachspiels, in Indien ursprünglich von vier Personen mit je acht Steinen gespielt, heute ein Zweischach auf dem normal besetzten Brett. Die Spieler würfeln vor jedem Zug, und die Zahl der Augen zeigt den Stein an, mit dem ein beliebiger Zug zu machen ist. (1 = König, 2 = Dame, 3 = Turm, 4 = Läufer, 5 = Springer und 6 = Bauer.)

Wenn der vorgeschriebene Stein nicht ziehen kann oder wenn sich von seiner Art keiner mehr auf dem Brett befindet, setzt der Spieler einen Zug aus. Ziel ist nicht das Mattsetzen, sondern das Schlagen des feindlichen Königs. Ein Schachgebot ist bedeutungslos, da der König wie jeder andere Stein der Bedrohung nur ausweichen kann, wenn seine Zahl gewürfelt wird.

Das durch den Würfel gegebene Element des reinen Zufalls widerspricht dem Wesen des Schachs so sehr, daß das Würfelschach nicht als eine ernst zu nehmende Variante betrachtet werden kann, aber als kurioses Unterhaltungsspiel, etwa als Abschluß einer anstrengenden Schachsitzung, mag es seinen Reiz haben. Wer in der Hoffnung, daß der Gegner beim nächsten Wurf die nötige Augenzahl nicht haben wird, seine Dame auf ein gefährdetes Feld stellt, erlebt etwas vom Nervenkitzel des Rouletts.

Es empfiehlt sich allerdings, die Partie mit einigen normalen Zügen (also gleichsam einer arabischen Tabija oder einem Ströbecker Aussatz) zu beginnen, um die Figuren rascher ins Spiel zu bringen.

Das Zatrikion

oder Zatrykon war eine byzantinische Sonderform des Schachs, von der Anna Komnena in der Biographie ihres Vaters Alexios I. (1048–1118) erklärt, sie sei von den Arabern eingeführt worden. Nach anderen Quellen stammt das Spiel aus Persien. Der Name könnte jedenfalls ebenso von Tschatrang wie von Schatrandsch abgeleitet worden sein.

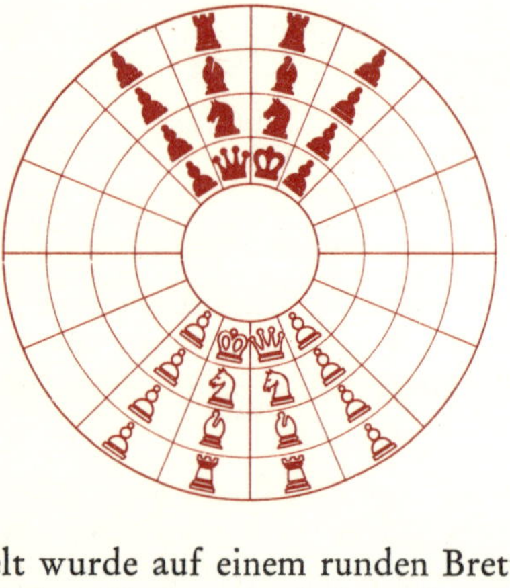

Gespielt wurde auf einem runden Brett mit vier konzentrischen Kreisen (und einem leeren Kreis in der Mitte), die durch Radien so geteilt wurden, daß die üblichen 64 Felder entstanden. Die Figuren wurden auf jeder Seite von der Mitte nach außen so aufgestellt, daß König und Dame und dann jeweils die beiden Springer, Läufer und Türme nebeneinander standen. Diese beiden Figurenreihen waren links und rechts von je vier Bauern flankiert. Die Spielregeln waren die arabischen.

Das runde Brett geht zweifellos auf die komplizierteste Schachvariante, das astronomische Schachspiel, zurück, bei dem in sieben (durch zwölf den Tierkreiszeichen zugeordnete Segmente und zahlreiche kleine Felder unterteilte) konzentrischen Kreisen die Wirkungsbereiche der sieben Planeten nach dem Ptolemäischen System – Mond, Merkur, Venus, Sonne, Mars, Jupiter, Saturn – dargestellt und die Züge durch bestimmte Zahlenkombinationen vorgeschrieben waren.

Für die Entwicklung des Schachspiels waren alle diese Abarten, das Zatrikion wie das astronomische Schach oder auch das „Große Schach", das auf einem Brett von 12×12 Feldern mit 48 Steinen gespielt wurde und in der Sammlung Alfons' des Weisen in einer Miniatur dargestellt ist, bedeutungslos, aber sie zeigen, mit welcher Begeisterung das Schachspiel überall aufgenommen und mit wieviel Scharfsinn es variiert wurde. Zugleich beweist aber auch der Umstand, daß alle diese Abarten vergleichsweise kurzlebig waren und spätestens im 16. Jh., das heißt nach der Entstehung des „neuen" (unseres heutigen) Schachs, ausstarben, die absolute Überlegenheit des orthodoxen Schachspiels, das offensichtlich keiner Verbesserung oder Erweiterung bedarf.

✦

Zerstreutheit

Da sie immer mit hoher Konzentration Hand in Hand geht, muß das Schach auch seine „zerstreuten Professoren" haben, und daß einmal ein Turnierteilnehmer seine eigene Brille als Fundgegenstand ablieferte, ist noch ein vergleichsweise kleines Versehen, das ebensogut auch einem Archäologen unterlaufen könnte. Das Schach hat seine eigenen Formen der Zerstreutheit.

In Puschkins „Eugen Onegin" kann man lesen: „Dann wieder sieht man die beiden abseits für sich, ins Schachspiel vertieft, sie denken gewaltig nach mit aufgestützten Ellenbogen, und Lenski, durch den Ansturm der Bauern zerstreut, schlägt seinen eigenen Turm!" Dichtung? Nein, Wahrheit. Der polnische Meister Przepiorka schlug tatsächlich einmal seinen eigenen Turm und wunderte sich im nächsten Augenblick darüber, daß er keine Figuren mehr hatte, und 1976, beim Großmeisterturnier in Dubna, nahm der sowjetische Großmeister Cholmow (Weiß) seinen eigenen Springer, der nach einer spanischen Eröffnung auf f3 stand. Er hatte fest damit gerechnet, daß sein Gegner, Lutikow, einen Abtausch vornehmen, das heißt, seinen Springer mit dem herangerückten Läufer schlagen werde, als er diesen mit dem h-Bauern angriff, aber Lutikow zog sich unter Tempoverlust zurück.

Für Cholmow war jedoch der erwartete Zug ausgeführt worden, und er schlug mit seiner Dame die Figur auf f3, die nun allerdings nicht Lutikows Läufer, sondern sein eigener Springer war.

✦

Zufallsschach

heißt eine in England erfundene und dort *Randomised Chess* genannte Schachvariante, bei der beide Spieler, etwa hinter einer dazwischengehaltenen Zeitung, ihre Figuren völlig willkürlich und jedesmal anders aufstellen. Mit Ausnahme der Rochade gelten die üblichen Regeln.

Für den routinierten Spieler liegt der Reiz dieser Spielart natürlich darin, daß durch die ungewohnte Aufstellung der Figuren die gesamte Eröffnungslehre über den Haufen geworfen wird. Man beginnt bei Null.

✦

Zugzwang

Dieser von dem deutschen Meister Max Lange geprägte Ausdruck, der unübersetzt in viele Sprachen übernommen wurde, bezeichnet eine Zwangslage, in die ein Spieler gerät: Es wäre vorteilhafter für ihn, wenn er nicht am Zug wäre, da jeder mögliche Zug seine Position verschlechtert; dennoch muß er notwendigerweise ziehen und die Nachteile – im Endspiel eventuell den Verlust der Partie – in Kauf nehmen. In einem analogen Sinne spricht man von Zugzwang in der Politik.

Wissenschaftler und Wunderkinder

ODER

WIE INTELLIGENT SIND SCHACHSPIELER?

1.

„Warum muß ich gegen diesen Idioten verlieren!“
Aaron Nimzowitsch

Ist Schach eine Wissenschaft oder eine Kunst? Braucht man für das Schachspiel Intelligenz oder eine Art künstlerischen Talents, das nicht zwangsläufig an Intelligenz gebunden ist? Hätte es das Schachspiel im alten Griechenland schon gegeben, so würde man diese Fragen nicht gestellt haben. Die exakteste aller Wissenschaften, die Mathematik, war eine Kunst wie die Musik, die freieste aller Künste. Man unterschied nicht zwischen einer künstlerischen und einer intellektuellen Begabung und teilte die Menschen nicht ein in Begabte, aber nicht notwendigerweise auch Kluge, die malen, dichten, komponieren, „wie der Vogel singt“, und Gescheite, aber möglicherweise Unbegabte, Amusische.

Zugegeben, wir unterscheiden auch heute nicht ganz so streng, jedoch nur insofern nicht, als wir eben dem musizierenden Mathematiker eine „Doppelbegabung“ zugestehen. Kunst ist Kunst, und Wissenschaft ist Wissenschaft, und in der Kunst wiederum achten wir mit wissenschaftlicher Methode auf eine strenge Abgrenzung und halten eine naive und eine intellektuelle Kunst säuberlich auseinander, so daß es keinem Gebildeten einfallen wird, Johann Sebastian Bach und den Zwölfton-Schönberg in einem Atem zu nennen.

Diese scheinbar klare, im Grunde aber keineswegs wissenschaftliche Unterscheidung vereinfacht die Dinge und macht sie zugleich oft – zum Beispiel im Falle des Schachspiels – undurchschaubar, denn sie fesselt uns an künstliche Kategorien. Für die Kunst, so sieht man es allgemein, braucht man eine musische Begabung, für die Wissenschaft eine Begabung anderer Art, das heißt eine intellektuelle Befähigung oder Intelligenz, und die eine schließt die andere zwar nicht aus, aber auch nicht ein. Wo man das Schachspiel einordnen soll, ist nicht klar. Zwar spricht man allgemein und obenhin von einem Schachtalent, aber das Schach gilt bei Dilettanten als geistiger Zeitvertreib und bei den Meistern als intellektueller Kraftakt, und man fragt nicht in erster Linie nach der speziellen Begabung der Schachspieler, sondern die eigentlich recht mutwillige Frage, der man auf Schritt und Tritt begegnet, lautet:

„Wie intelligent sind Schachspieler?"

Und man sieht sich ständig mit zwei gegensätzlichen Meinungen konfrontiert. Laien und Dilettanten sind bereit, Schachmeistern eine ungewöhnlich hohe Intelligenz zuzugestehen, aber die Meister selbst wehren ab, sofern sie nicht der megalomanen Spezies angehören oder sich gerade in einer solchen Phase befinden.

Sie seien, sagen sie, auch nicht gescheiter als andere Leute.

Eine nicht sehr aufschlußreiche Auskunft, denn: Wie gescheit sind andere Leute und was treiben sie, und wer ist überhaupt gescheit? Jahrtausendelang war man aufs Raten angewiesen und verteilte die

Epitheta Dummkopf und Genie nach freiem Gutdünken. Heute beziffern wir die Intelligenz mit einem Quotienten. Wir brauchen nur nach einem Lexikon der Psychologie zu greifen, um festzustellen, was es mit ihr auf sich hat – und geraten auch schon aufs Glatteis. Es gibt, erfahren wir, eine sehr große Anzahl von Definitionen der Intelligenz, die Tests basieren auf „recht unscharf gefaßten" Definitionen, mehrere als „intelligent" bezeichnete Personen können sich *in der Art der Intelligenz* voneinander unterscheiden, was Leibniz schon 1704 in den „Neuen Versuchen über den menschlichen Verstand" ausführte, und niemand weiß so recht, *was* getestet wird, wenn man der Intelligenz mit dem Fragebogen zu Leibe geht.

Zuletzt zeigt es sich, daß die Experten zwar einige allgemeine Diagnosen zu liefern imstande sind (z. B. die, daß ein Mensch mit dem unterdurchschnittlichen Intelligenzquotienten 70 noch allemal fähig ist, den Führerschein zu erwerben), daß sie aber selbstverständlich nicht feststellen, geschweige denn voraussagen können, ob ein Mann mit dem hohen IQ 150 ein ausgeflippter Kokainschnupfer, ein guter Mathematiker oder eben ein Schachmeister ist oder eines Tages sein wird.

Und wenn wir einerseits nicht exakt zu bestimmen vermögen, *was* Intelligenz ist, so sind wir andererseits ebensowenig imstande, ihre Funktion, ihre Rolle eindeutig zu definieren. Wieviel Intelligenz ist für die Ausübung einer bestimmten Tätigkeit – für das Schachspiel oder für die Berechnung einer Planetenbahn – überhaupt vonnöten?

Georg Christoph Lichtenberg, der von 1778 an den „Göttinger Taschenkalender" mit seinen naturwissenschaftlichen und populärphilosophischen

Aufsätzen herausgab, ließ sich darin zum Thema Schach wie folgt vernehmen:

„Weil das Schachspiel ein Spiel ist, wobei auf den Zufall nichts und auf die Geschicklichkeit des Spielers alles ankommt, und dabei eine Menge möglicher Züge sowohl von der einen als der anderen Seite überdacht und mit ihren Folgen verglichen werden müssen, so hat man gewöhnlich geglaubt, daß nur Personen von durchdringendem Geist große Schachspieler sein könnten. Allein dieses ist sehr falsch. Man sieht täglich sehr mittelmäßige Köpfe, die vortreffliche Schachspieler sind, und wiederum Personen von durchdringendem Verstand, die es nie in diesem Spiel über die Mittelmäßigkeit bringen können. Hr. Jaucourt, der den Artikel Schachspiel für die Encyclopädie ausgearbeitet hat, spricht sogar von einigen Blödsinnigen, die große Schachspieler gewesen sind."

Lichtenberg, der Vater des Aphorismus in Deutschland, hielt Vorlesungen über Experimentalphysik und entdeckte die Lichtenbergschen Klangfiguren (gleichsam Vorläufer der Chladnischen, die man aus dem Physikunterricht kennt). Er war ein wissenschaftlicher, der Aufklärung verschworener Geist, ein Mann von scharfem, trockenem Verstand, dem alles Genialische suspekt war, weshalb er sich auch gegen die Auswüchse des „Sturm und Drang" wandte. Man erwartet von ihm nichts anderes, als daß er jede allzu hohe Einschätzung des Schachs auf ein vernünftiges Maß zurückstutzt. (Aber seltsamerweise wollte auch Paul Morphy im Schachspiel nichts weiter sehen als eine besondere Geschicklichkeit, vor deren Überbewertung er immer wieder warnte.) Leider erfährt man nicht, wer die blödsinnigen „großen Schachspieler" des Herrn Jaucourt gewesen sein sollen, und man weiß auch nicht, wie es Lichtenberg selbst mit dem Schach hielt.

Ein vorzüglicher Schachspieler und Großmeister war dagegen der Elektrotechniker und Maschinenbauingenieur Dr. Milan Vidmar, in dessen Autobiographie man liest, er habe sehr große Schachmeister gekannt, die jenseits der vier Ränder des Schachbretts recht unintelligent gewesen seien. Und der Weltmeister Capablanca schließlich stellte kategorisch fest: „Das Schachspiel erfordert keinerlei Intelligenz."

Ein verwirrender Sachverhalt. Wir haben die Wahl zwischen „auch nicht gescheiter als andere", „recht unintelligent", „ohne jegliche Intelligenz" und zuletzt sogar „blödsinnig".

Das Schach gilt jedoch nun einmal als Wissenschaft. Diese Definition mag umstritten sein: sie ist historisch zumindest dem Anschein nach gerechtfertigt. Mit der Entwicklung der Schachtheorie, der Eröffnungs- und Endspiellehre, ergab sich im Laufe der Jahrhunderte ein wissenschaftlicher Überbau, so daß es heute mehr denn je praktisch zwei Arten von Schach gibt: das „unwissenschaftliche", naive Spiel des Dilettanten, der ab und zu wie das sprichwörtliche blinde Huhn auch einmal ein Korn findet, das heißt aus Intuition oder rein zufällig einen oder mehrere gute Züge macht und oft im nächsten Augenblick auch schon wieder aus Unverstand seine Chance verschenkt, und das „wissenschaftliche", auf Studium und gründlicher Kenntnis beruhende Spiel des Meisters, der das Tasten und Probieren weitgehend durch Wissen ersetzt und – um einen etwas überspitzten Vergleich zu gebrauchen – einen seit dem 18. Jh. als unzweckmäßig erkannten Zug in der Regel ebensowenig wählt, wie heute ein Chemiker versuchen würde, in einer brennbaren

Substanz nach Phlogiston zu suchen. Die Wissenschaft macht eben Fortschritte. Kann aber die Beherrschung einer Wissenschaft allein auf einer besonderen Begabung beruhen? Kann man sich eine Wissenschaft aneignen, ohne intelligent zu sein?

Der gesunde Menschenverstand sagt nein. Er reduziert die komplizierten Erkenntnisse und Überlegungen der Experten auf eine handliche Faustregel und sieht in der Intelligenz einfach die Fähigkeit, Wissen und Kenntnisse zu erwerben und anzuwenden. Menge und Schwierigkeitsgrad des Erlernten (Russisch ist schwieriger als Englisch, Schach schwieriger als Dame) werden zum Maßstab der Intelligenz.

Wenn das Schach also eine Wissenschaft ist, müssen Schachspieler notwendigerweise die Intelligenz besitzen, die zur Aneignung einer Wissenschaft nötig ist, und da das Schach selbst zur Diskussion steht, bleibt nur die Möglichkeit nachzuforschen, welche Intelligenzbeweise Schachspieler auf anderen Gebieten erbrachten, oder – wie Staunton in bezug auf Morphy – zu fragen, was sie „außer ihrem Schachspiel noch vorzuweisen haben“.

Unwillkürlich fallen einem die Mathematiker ein, nach einer weitverbreiteten Anschauung ohnehin die geborenen Schachspieler. Man braucht sich nicht auf die hinlänglich oft zitierten Exweltmeister Lasker und Euwe zu berufen (Dr. Lasker und Professor Dr. Euwe), die im Dickicht der Mathematik ebenso zu Hause waren oder sind wie auf dem freien Feld des Schachbretts. Die Geschichte des Schachs kennt zahllose Mathematiker: Anderssen, Barcza, Bledow und so weiter im Alphabet, und einige der Großen (Steinitz, Réti) wären Mathematiker geworden, wenn sie die Mittel gehabt hätten, ihr Studium zu beenden. Ebenso lang ist die Liste der Ingenieure, die mehr oder weniger der Mathematik verpflichtet sind: Botwinnik, Larsen, Maróczi, Polugajewski, Ragosin, Suetin und so fort.

Lang ist aber auch die Liste der Juristen unter den Schachspielern, und zwar schon seit der Frühzeit des modernen Schachs. Leonardo da Cutri im 16., Alessandro Salvio im 17., Domenico Lorenzo Ponziani im 18. und Morphy im 19. Jahrhundert waren Juristen oder hatten jedenfalls Jura studiert wie Aljechin, Dyckhoff, Gerusel oder der Richter Wolfgang Unzicker und andere mehr in unserem Jahrhundert. Die anderen Meister verteilen sich auf die unterschiedlichsten (und sehr häufig akademischen) Berufe. Ruy López und Juan Ramírez Lucena waren Theologen wie heute der amerikanische Großmeister Lombardy, der Sekundant Fischers in Reykjavik, oder der deutsche Meister Werner Lauterbach, und Theologie studierte anfangs auch Bogoljubow, der dann allerdings auf Landwirtschaft umsattelte und schließlich Berufsschachspieler wurde. Florin Gheorghiu, Jugendweltmeister 1963, ist Sprachwissenschaftler, und Großmeister Dr. Robert Hübner ist Altphilologe und entziffert altgriechische Papyri. Wirtschaftswissenschaftler sind Dr. Efim Geller und Vlastimil Hort, und der jugoslawische Großmeister Pirc ist Historiker. Reuben Fine ist Psychologe wie der englische Meister Jonathan Penrose und setzte sich mit der Psychoanalyse des Schachspiels auseinander. Der deutsche Großmeister Dr. Helmut Pfleger ist Internist (und Psychoanalytiker und Psychotherapeut), und Doktoren der Medizin waren beispielsweise auch Siegbert Tarrasch und Zukertort.

Der letztgenannte Name erinnert an die vielen doppelt und mehrfach begabten Schachspieler. Dr.

med. Johannes Zukertort spezialisierte sich auf die physiologische Chemie, er las und sprach Latein, Griechisch, Hebräisch, Englisch, Französisch, Russisch und Arabisch und lernte noch Italienisch und Spanisch dazu, um die „Göttliche Komödie“ und den „Don Quijote“ im Original lesen zu können. Er studierte ferner – wann nur? – Theologie und Philosophie, wurde schließlich Journalist und Mitglied des Pressestabs Bismarcks und gab eine Tageszeitung heraus. Seine musikalische Begabung war so groß, daß ihn der berühmte Pianist Ignaz Moscheles, den Mendelssohn-Bartholdy als Klavierlehrer nach Leipzig geholt hatte, als Schüler annahm. Ein guter Säbelfechter und Pistolenschütze war Zukertort noch nebenbei. Kurzum: ein Universalgenie, das wohlgemerkt intellektuelle Fähigkeiten mit einer musischen Begabung vereinte.

Und beinahe alle Schachmeister von A bis Z, das heißt von Aljechin bis (wiederum) Zukertort, schrieben Schachbücher, mit anderen Worten, sie publizierten auf ihrem Fachgebiet, was für den Wissenschaftler als besonderer Befähigungsnachweis gilt und für eine akademische Laufbahn unerläßlich ist.

Viele Schachspieler waren und sind also zumindest Wissenschaftler auf anderen Gebieten, und es ist nicht mehr als billig, den Berufsschachspielern, d. h. denen, die *nur* Schach spielen und ihnen auf den 64 Feldern ebenbürtig sind, den gleichen Intelligenzgrad zuzugestehen. Es ist allerdings nur billig; logisch ist es nicht.

Was, wenn das Schachspiel eine – wie anfangs angedeutet – „eigene Art von Intelligenz“ erforderte, eine, die wir nicht als intellektuelle Befähigung einstufen müßten, sondern nach unseren konventionellen Kategorien eher als eine Begabung von der Art der künstlerischen? Daß Schach eine Wissenschaft im strengen Sinne sei, war nur eine Hypothese. Erwiesen ist es nicht. Es wurde von Schachspielern selbst behauptet und von Schachspielern selbst bestritten, und der Mathematiker Henri Poincaré stellte fest, das Schachspiel könne überhaupt nicht mathematisch als exakte Wissenschaft begründet werden. Der Exkurs in die von Schachmeistern betriebenen Wissenschaften bot ein abwechslungsreiches Bild, aber was hat er, genau besehen, bewiesen? Daß man Mathematiker oder Altphilologe und ein guter Schachspieler obendrein sein kann und daß viele Schachspieler über die Intelligenz verfügen, die man braucht, um ein Universitätsstudium zu absolvieren.

Wieviel Intelligenz ist dazu nötig? Eine überdurchschnittliche, würde der Laie sagen. „Allein dieses ist sehr falsch", um mit Lichtenberg zu antworten, denn die Psychologen belehren uns, daß der absolut durchschnittliche Intelligenzquotient 100 vollauf genügt, um Mathematik oder Medizin zu studieren. (Daß es dann der eine weiter bringt als der andere und daß Lasker ein *großer* Mathematiker – und Weltmeister im Schach – war, steht auf einem anderen Blatt.)

Man akzeptiert nach solchen Überlegungen auch als ehrfurchtsvoll aufblickender Dilettant schon viel bereitwilliger die Behauptung der bescheidenen Meister, daß sie auch nicht gescheiter seien als andere Leute. Daß es „recht unintelligente" Schachmeister gibt, muß man Vidmar unbesehen glauben, und regelrecht „blödsinnige" dürfte Herr Jaucourt als letzter zu Gesicht bekommen haben. Sie müßten nach unseren heutigen Begriffen sogenannte *idiots savants* sein, das heißt Menschen, die auf einem bestimmten Gebiet über hervorragende Fähigkeiten gebieten, im übrigen aber nahezu schwachsinnig sind (mit anderen Worten: ein Mirko Czentovic).

Lichtenberg hatte jedoch recht, als er sagte, daß es „Personen von durchdringendem Verstand“ gibt, „die es nie in diesem Spiel über die Mittelmäßigkeit bringen können“. Von Rousseau war schon die Rede, und auch Voltaire war eine dieser Personen. „Ich habe auf nichts so viel Fleiß verwendet wie auf das Schachspiel, ich liebe es, ich rege mich dabei auf, und Père Adam [sein Lieblingsgegner] gewinnt doch immer“, liest man in einem seiner Briefe, und viele große Männer und hervorragende Köpfe auf allen Gebieten (Lessing, Schiller, Leibniz, Montaigne, Diderot, Napoleon) waren Liebhaber des Schachspiels, ohne auch überragende Spieler zu sein.

All das läßt nur den einen Schluß zu: Das Schachspiel ist mit der Intelligenz allein nicht zu meistern. Es muß auch in hohem Maße Sache einer besonderen, gleichsam künstlerischen Begabung sein. Wäre es eine reine, mit „durchdringendem Verstand“ erschließbare Wissenschaft, so müßte einmal der Klügere und zum andernmal der reifere, erfahrenere Wissenschaftler – zumindest in der Regel – auch der bessere Spieler sein. Tatsächlich kann man aber ein vorzüglicher Spieler sein, ohne die „Schachwissenschaft“ je studiert zu haben.

Im Jahre 1928 brachte ein englischer Oberst, der aus Indien heimkehrte, seinen Diener mit nach England, einen gewissen Mir Malik Sultan Khan. Dieser 23jährige Inder konnte weder lesen noch schreiben (was freilich nichts über seine angeborene Intelligenz aussagt), aber er spielte Schach – nach den indischen Regeln. Er wußte noch nichts vom Doppelschritt des Bauern und die Eröffnungstheorie war ihm ein Buch mit sieben Siegeln. Aber schon 1929 und danach noch einmal 1931 und 1933 gewann er die englische Meisterschaft. Er spielte auf Schacholympiaden am ersten Brett der englischen Mannschaft, und er besiegte Meister wie Capablanca, Flohr und Rubinstein, bis ihn der Oberst – offenbar kein Schachenthusiast – 1933 wieder nach Indien mitnahm und damit der Schachwelt entzog. Man hörte nie wieder von ihm.

Khan war offenbar eine Naturbegabung, vielleicht ein Wunderkind, das heißt jemand, der eine Kunst oder Wissenschaft bereits in einem Alter beherrscht, in dem er noch gar keine Zeit hatte, sie regelrecht zu erlernen. Sieht man sich aber in der Geschichte der Künste und Wissenschaften nach weiteren Beispielen für Wunderkinder um, so stellt man einerseits etwas ohne weiteres Einleuchtendes und andererseits etwas sehr Eigentümliches fest: Noch niemand hat mit acht Jahren ein gekonntes Porträt gemalt oder gemeißelt oder ein Sonett gedichtet, noch niemand hat in diesem Alter eine Entdeckung auf naturwissenschaftlichem Gebiet gemacht. Das Kind kann die nötige Erfahrung und Reife im Umgang mit einem konkreten Material (Farbe, Stein, Sprache) noch nicht haben, es kann den für die Chemie, Physik und so fort nötigen wissenschaftlichen Apparat und das praktische Rüstzeug noch nicht besitzen (weshalb, wenn die ein wenig unernste Bemerkung erlaubt ist, der Schachproblemkomponist Wolfgang Pauly den nach ihm benannten Kometen erst mit 22 Jahren entdecken konnte).

Wunderkinder gibt es jedoch auf drei Gebieten: in der Musik, in der Mathematik – und im Schach!

Mozart begann mit sechs Jahren zu komponieren, aber Noten gekritzelt und Violine gespielt hatte er schon mit vier Jahren. Man nimmt es mit Respekt, aber ohne allzu große Verwunderung zur Kenntnis, ja es erscheint einem beinahe selbstverständlich, daß Mozart oder Mendelssohn-Bartholdy oder der Geiger Yehudi Menuhin Wunderkinder waren. Die Musik, meint man, ist gleichsam da. Wer sie erfühlt, vermag sie hörbar zu machen. Sie ist keine Wissenschaft, die von Grund auf studiert werden muß – etwa wie die Mathematik.

Aber Wunderkinder kennt eben seltsamerweise auch die strenge Mathematik. Karl Friedrich Gauß verblüffte schon in der Volksschule seine Lehrer – durch schöpferisches Denken, nicht nur durch eine angeborene Leichtigkeit im Umgang mit Zahlen, wie sie in erstaunlichem Maße auch bei Kindern (und Erwachsenen) auftritt, die Mathematiker im eigentlichen Sinne nicht sind und niemals werden, aber eine geradezu magische Beziehung zur Zahl haben. Die Inderin Kumari Shakuntala Devi war um 1950 als junges Mädchen imstande, sechste Wurzeln aus Zahlen mit zwölf und mehr Stellen zu ziehen. Sie hatte nach ihren eigenen Worten „mathematische Visionen".

Und auch das Schachspiel, eine Wissenschaft im Dunstkreis der Mathematik – oder eine Kunst wie die Musik? – hat, wie gesagt, seine Wunderkinder und „Visionäre". Zum Beispiel Samuel Reshevsky, der in dem Alter, in dem Mozart zu fiedeln begann, das Schachspiel durch bloßes Zusehen erlernte und mit acht Jahren Simultanvorstellungen gab. Und Wunderkinder waren Philidor, Morphy, Capablanca, Spasski und einige andere. Bobby Fischer, der nirgends fehlen darf, wo von Schach die Rede ist, war nur mit Einschränkungen ein

Wunderkind (er entwickelte sich wesentlich langsamer als z. B. Reshevsky), und er selbst lehnt dieses Prädikat ab. Er möchte sein Können lieber dem Fleiß und der Intelligenz verdanken.

(Man darf die Leistungen der Wunderkinder freilich nicht überschätzen. Auch sie müssen einen Reife- und Lernprozeß durchmachen, bevor sie große Werke schaffen. Gauß war immerhin „schon" 24 Jahre alt, als er seine für die Zahlentheorie grundlegenden *Disquisitiones mathematicae* veröffentlichte, ebenso alt war Mozart, als er seine Oper *Idomeneo* komponierte, und ebenfalls 24 Jahre alt mußte Reshevsky werden, bis er den Exweltmeister Capablanca schlagen konnte.)

Bei den Wunderkindern findet man somit das Schach im Bunde mit einer Kunst, der Musik, und einer Wissenschaft, der Mathematik. Man kann nicht gut annehmen, die drei seien rein zufällig in einen Topf geraten und ihr Zusammentreffen sei bedeutungslos. Eher darf man voraussetzen, daß eine Affinität vorhanden sein muß und daß sie auf einer ähnlichen Begabung beruhen, die unterschiedlich stark ausgeprägte Elemente des Musischen und Intellektuellen vereint.

Was haben Musik, Mathematik und Schach gemeinsam? Offenbar den hohen Grad der Abstraktion. Die Musik drückt nichts aus als sich selbst. (Und drückt sie allzu hörbar etwas anderes aus – Wogenrauschen und Waldeslust –, so wird sie auch schon abwertend Programm-Musik genannt.) Die Mathematik ist in einem gewissen Sinne wie die Musik etwas bereits Vorhandenes, das zum Teil ohne einen Lernvorgang, durch Intuition und Logik erfaßt werden kann. Der Unbegabte paukt Formeln, der Begabte leitet sie oft selbst ab, er entdeckt sie neu, bevor sie ihm als Lernstoff angeboten werden. Und wenn die Mathematik zwar dem Zählen, Messen und Berechnen von Dingen und Vorgängen dienstbar gemacht wird, so existiert sie doch auch abstrakt, als reine „Kunst", und ist als solche bekanntlich das Leben der Götter.

Das Schachspiel hat mit der Musik gemeinsam, daß es allein sich selbst dient. Und mit der Mathematik hat es gemeinsam, daß der Begabte – oder eben das Wunderkind – selbst intuitiv neu entdeckt und nachentdeckt, was andere vor ihm entdeckt haben. Es ist von Morphy gesagt worden, daß er in den Büchern „nichts fand, was er nicht schon wußte".

Und wie alle möglichen musikalischen Kompositionen gewissermaßen in der Theorie schon vorhanden sind und nur „entdeckt", das heißt gefunden werden müssen und nicht erfunden, wie die Mathematik etwas bereits in der Natur Vorhandenes in Zahlen und Symbolen ausdrückt, so daß – in beiden Fällen – die Intuition zur „Entdeckung" genügen kann, so ist auch im Schach theoretisch bereits alles vorgegeben. Michelangelo sagte, die Figur stecke im Stein, man brauche nur das Überflüssige wegzuschlagen. Etwas Ähnliches hätte Tartakower, der bittere Spaßvogel, über das Schach sagen können: Die richtigen Züge sind da, sie brauchen nur gemacht zu werden. (Tatsächlich drückte er es negativ aus: „Die Fehler sind da, sie brauchen nur gemacht zu werden.")

An dieser gemeinsamen Behandlung von Schach, Musik und Mathematik stört freilich noch, daß die Mathematik eben als eine Wissenschaft, und zwar als die Wissenschaft schlechthin gilt, als eine Sache des reinen Intellekts und Gegenpol zur Kunst. Doch wie verhält es sich damit wirklich? Wie im Schachspieler sieht man im Mathematiker vor allem einen Mann von hoher *Intelligenz.* Dennoch spricht man mit der größten Selbstverständlichkeit von einer mathematischen *Begabung* und meint damit etwas anderes als nur eine intellektuelle Befähigung. Jeder intelligente Mensch traut sich zu, beispielsweise das Studium der Geschichte mit Erfolg zu betreiben und ein tüchtiger Historiker zu werden. Aber ein tüchtiger Mathematiker – das ist nicht jedes gescheiten Mannes Sache. Jeder kann die Beobachtung machen, daß etwas, was auch ein sonst intelligenter Schüler erst nach langen Erklärungen begreift, der begabte Mathematiker auf den ersten Blick erfaßt, mit einem gewissen Gefühl für die Beziehungen zwischen Zahlen-, das heißt Größenverhältnissen oder räumlichen Gegebenheiten.

Ähnliches gilt für das Schachspiel. Von einem „bis in die feinsten Stellungsdetails hinein reichenden Schachgefühl hochtalentierter Schachspieler" spricht H. C. Opfermann, und er sagt, daß das „ständig trainierte Schachgefühl durch das theoretische Wissen [nur] – wenngleich oft entscheidend – unterstützt wird". Er zitiert in diesem Zusammenhang einen Absatz aus Reshevskys Biographie *Reshevsky on Chess:*

„Die Leute begrängten mich fortwährend nach einer Erklärung. Ich konnte ihre Fragen damals nicht beantworten. Ich kann es auch heute nicht. Schach war für mich eine natürliche Funktion wie das Atmen. Es erforderte keine bewußte Anstrengung. Beim Spiel flogen mir die richtigen Züge so bereitwillig zu, wie ich Atem holte. Wer versucht, diese alltägliche Handlung zu erläutern, wird einen Begriff davon haben, in welches Dilemma ich bei dem Versuch geraten mußte, meine schachlichen Fähigkeiten begreiflich zu machen."

Über die Wunderkinder im allgemeinen heißt es bei Opfermann:

„Im übrigen spielen alle Wunderkinder schnell und ohne langes Überlegen, was ebenfalls ein Zeichen dafür ist, daß sie mehr ihrem Gefühl als ihrem Denken folgen. Werden sie erwachsen, dann spielen sie bedächtiger (Reshevsky, Fischer), oder sie behalten auch als Erwachsene ihr kindliches Schnellspiel bei (Morphy, Capablanca)."

Mit der Musik hat das Schach außerdem noch gemein, daß man früh beginnen muß. Wer sich mit vierzehn Jahren auf den schwarzen und weißen Feldern oder Klaviertasten noch nicht auskennt, wird es nicht sehr weit bringen, und der 19jährige Anfänger Staunton ist nur eine der Ausnahmen, die die Regel bestätigen.

Daß die Doppelbegabung für Schach und Mathematik häufig auftritt, ist schon oft genug gesagt worden. Andererseits ist die Neigung der Mathematiker für die Musik bekannt. Auch der selbst musizierende Mathematiker ist keine seltene Erscheinung: Man weiß, wie sehr Einstein seine Geige liebte. Wie eng ist andererseits die Verflechtung von Schach und Musik oder, allgemeiner, Schach und Kunst? Um noch einmal die berühmte Frage Stauntons zu stellen: „Was haben sie außer ihrem Schachspiel noch vorzuweisen?" Gibt es Schachspieler, die eine Kunst ausüben?

Diese Doppelbegabung ist nicht so häufig anzutreffen wie die schachlich-wissenschaftliche, aber man denkt unwillkürlich sofort an das doppelte Wunderkind Philidor, der als Komponist in die Musikgeschichte einging. Er ist das überragende Beispiel, aber nicht das einzige. Von den heute lebenden Schachspielern ist der Schweizer Internationale Meister Hans Johner Geiger und Musikprofessor, und Großmeister Mark Taimanow ist ein geschätzter Konzertpianist. „Gut, daß ich noch mein Klavierspiel habe", sagte er, als er 1971 im Kandidatenturnier von Fischer mit einem 6:0 „vom Brett gefegt wurde".

Sehr groß ist daneben die Zahl der Schachspieler, die aus ihrer musischen Begabung keinen Beruf gemacht haben. Von dem vielfältig talentierten Zukertort war schon die Rede. Als einer der verwandten Geister wäre Dr. Tartakower zu nennen, der nicht Mediziner, sondern Jurist war, dann aber Berufsschachspieler wurde, und zwar einer der fleißigsten. Zwischen 1905 und 1955 kämpfte er in über 100 Turnieren und absolvierte rund 20 Wettkämpfe. Daneben schrieb er Artikel für Schachzeitschriften und Schachbücher, er befaßte sich mit Philosophie und schrieb Gedichte in Russisch, seiner Muttersprache, und Deutsch und Französisch.

Auch hier muß wieder gesagt werden: Die schachlich-künstlerische Doppelbegabung beweist an sich nichts. Aber an dieser Stelle wird es nun endlich auch Zeit, Aljechin zu zitieren, der eine sehr entschiedene Ansicht vertrat: „Für mich ist Schach kein Spiel, sondern eine Kunst. Ja, ich halte das Schachspiel für eine Kunst und nehme gern alle Verpflichtungen auf mich, die diese Kunst ihren Anhängern auferlegt. Ein hervorragend talentierter Schachmeister hat nicht nur das Recht, sondern auch die Pflicht, sich als Künstler zu betrachten."

Alle diese Betrachtungen lassen allmählich erkennen, daß die Frage „Wie intelligent sind Schachspieler?" allein schon deshalb nicht eindeutig beantwortet werden kann, weil sie eine unzulässige

Verallgemeinerung enthält. Es gibt keine „Schachspieler“ schlechthin. Schachspieler sind nicht nur, wie man nun gesehen hat, Menschen von sehr verschiedenen Neigungen und Begabungen: sie unterscheiden sich auch in ihren „Werken“, in ihren Einstellungen und Spielweisen. Sie sind Wunderkinder wie Morphy oder Capablanca, sie sind Schachwissenschaftler wie Dr. Euwe, der bestreitet, daß es ein „künstlerisches“ Schach gebe, sie sind Schachkünstler wie Aljechin, der seine Partien als Kunstwerke komponierte. Sie sind – wie Künstler – Romantiker, Klassiker oder Neoromantiker, sie sind – wie Wissenschaftler – Verfechter verschiedener Theorien und Lehrmeinungen.

Sie betreiben eine Wissenschaft, die – wie jede Kunst – eine besondere Begabung erfordert. (Brinckmann nannte als Grundelemente der Schachbegabung die Fähigkeit, in zeitlich-räumlichen Vorstellungen zu denken und gedachte Änderungen auf dem Brett zu verfolgen, und de Groot, Schachspieler und Psychologe, zählte als spezifische Faktoren ein Gedächtnis für Bewegungen, räumliches Vorstellungsvermögen und eine strenge Denkdisziplin auf.) Und sie betreiben eine Kunst, die der Wissenschaft nicht entraten kann, so wie auch der begabteste Komponist nicht ohne Theorie, ohne Harmonielehre und Kontrapunkt auskommt (oder eben nicht ohne die Zwölftontechnik mit ihren 479 001 600 Reihen, die sich aus 12 Tönen bilden lassen – eine bemerkenswerte Parallele zum Schach mit seinen unzähligen Kombinationsmöglichkeiten).

Heben wir, wie in der Antike, den Unterschied zwischen Kunst und Wissenschaft auf oder betrachten wir das Schach als eine mit Kunst betriebene Wissenschaft oder eine mit Wissenschaft betriebene Kunst, und die Widersprüche verschwinden. Wenn künstlerische Begabung und Intellekt keine Gegensätze mehr sind, sondern einander *ergänzen und kompensieren,* wird klar, warum gleich gute Leistungen bald mit einem hohen Maß von „Begabung“, bald mit einem hohen Maß von „Wissenschaft“ erzielt werden, oder anders gesagt: Warum das einemal das „Wunderkind“ (Capablanca) den „Wissenschaftler“ (Lasker) schlägt und das anderemal der „Wissenschaftler“ (Euwe) den „Künstler“ (Aljechin) und umgekehrt. Man begreift schließlich auch, daß der große Nimzowitsch tatsächlich von einem „Idioten“ besiegt worden sein könnte, sofern man das im Zorn ausgesprochene Schimpfwort nicht allzu wörtlich nimmt.

Maßgeblich für den Erfolg sind – im Schach wie in allen Künsten und Wissenschaften – angeborenes Talent, Begeisterung oder Besessenheit, Fleiß (Übung und Studium) *und* Intelligenz. Und diese Faktoren treten in verschiedenen Kombinationen auf. Aljechin war fleißiger als Capablanca, der obendrein keine Intelligenz zu benötigen vorgab, Vidmar eben intelligenter als einige seiner „recht unintelligenten“, dann aber offenbar sehr „begabten“ Kollegen.

All das bedeutet letzten Endes, daß die Schachspieler mit ihrer Selbsteinschätzung recht haben. Sie sind tatsächlich nicht gescheiter als andere Leute. Versucht man aber, ihnen „andere Leute“ zuzuordnen, so merkt man, daß in dieser bescheidenen Feststellung eine kleine Teufelei steckt. Niemand fragt nach den mittelmäßigen Schachspielern, die auch nicht gescheiter sind als andere mittelmäßige Köpfe. Wir sprechen von den hervorragenden Spielern und müssen daher auf vergleichbaren Ebenen bleiben und großen Schachspielern Menschen beigesellen, die auf ihrem Gebiet Großes geleistet haben, also beispielsweise – auf die Gefahr hin, von Morphy der Übertreibung bezichtigt zu werden – einem Akiba Rubinstein einen Artur Rubinstein und einem Euwe einen Euler. Und genau besehen, hat Morphy, der selbst als hochintelligent galt, auch nichts dreinzureden, denn er behauptete zwar, das Schachspiel sei nichts weiter als eine besondere Geschicklichkeit, aber er war nicht der Meinung, daß man einen Schachspieler ebenso hoch einschätzen müsse wie etwa einen Arzt, nein, mit einem *guten* Arzt wollte er verglichen werden, und das ist der springende Punkt.

Die guten Schachspieler sind, wie ihre Biographien zeigen, so intelligent wie alle anderen „guten" Leute auf ihren Fachgebieten. Oder so begabt. Oder vielmehr beides. Wir erkennen heute, daß große Begabungen in der Regel nicht isoliert auftreten und daß es unter den Großen den dummen Künstler ebensowenig gibt wie den unschöpferischen Wissenschaftler. Und wenn man dem Schach – im Reich der Wunderkinder – einen Platz zwischen Musik und Mathematik, Kunst und Wissenschaft, zugewiesen hat und sich vor Augen hält, daß es keine echte Kunst (und kein gutes Schachspiel) ohne Wissenschaft und keine echte Wissenschaft (und wiederum kein gutes Schachspiel) ohne das Intuitive, Schöpferische der Kunst gibt, erübrigen sich alle Fragen. Wie intelligent war Max Planck und wie begabt Paul Hindemith? Oder wie intelligent war Hindemith und wie begabt Planck? Müßige Unterscheidungen . . .

Im Bereich des Schöpferischen lösen sich die Kategorien auf. Es gibt keine voneinander trennbaren kleinen Begabungen dieser oder jener Art mehr, sondern immer nur die eine große, die als Ganzes mehr ist als die Summe ihrer Teile.

Spezielle Begabung, auch die Frühbegabung des Wunderkindes, Intuition, Intelligenz und wissenschaftliche Methode, Fleiß und Hingabe treten bei Schachspielern wie bei jedem Wissenschaftler und Künstler untrennbar verquickt und einander kompensierend in den unterschiedlichsten Mischungsverhältnissen auf, so daß es vergleichsweise intelligente und weniger intelligente, hochbegabte und minder talentierte Spieler geben mag. Aber im Grunde sind große Schachspieler wie alle Großen unvergleichbare und unzerlegbare Phänomene; im Grunde sind sie nichts anderes als sie selbst, nichts anderes als dies: López, Steinitz, Lasker, Fischer ...

Lushin, Czentovic und Dr. B.:

DREI SCHACHSPIELER
IN DER
LITERATUR

2.

„Mit der Hand krallte er sich irgendwo oben fest und zwängte sich mit der Schulter zuerst durch die Fensteröffnung. Jetzt hingen beide Beine nach außen. Er brauchte nur noch loszulassen – und war gerettet. Bevor er das tat, blickte er noch einmal nach unten. Irgendwelche eiligen Vorbereitungen waren da im Gange: der Widerschein der Fenster verdichtete sich immer mehr, er nahm an Stärke zu, der ganze Abgrund war in helle und dunkle Quadrate eingeteilt. In dem Augenblick, wo Lushins Hände losließen und eisige Luft jäh in seinen Mund drang, sah er, was für eine Ewigkeit sich da begierig und unbarmherzig vor ihm auftat.

Die Tür hatte man eingeschlagen. ‚Alexander Iwanowitsch, Alexander Iwanowitsch!‘ schluchzten mehrere Stimmen.

Doch einen Alexander Iwanowitsch gab es nicht mehr.“

So – mit dem Sturz in eine Schachhölle – endet das Leben eines der Schachhelden der neueren Literatur. Das Zitat ist Vladimir Nabokovs Roman *Lushins Verteidigung* entnommen. Diese Lebensbeschreibung eines Schachmeisters erschien 1930 in Berlin. Dreizehn Jahre später wurde in Stockholm posthum Stefan Zweigs *Schachnovelle* veröffentlicht, die zwei weitere Schachspieler in das Licht der Weltliteratur stellte: den Meister Mirko Czentovic und den genialen Dilettanten Dr. B. Auch hier bahnt sich eine Katastrophe an, doch sie wird im letzten Augenblick vermieden. Bezeichnend für beide Werke ist, daß das Schachspiel als etwas Irrationales, ja Dämonisches, die Existenz Bedrohendes, dargestellt wird, was zum Teil damit zusammenhängen mag, daß die neuere Literatur den siegreichen Helden kaum kennt, sondern eher im tragischen Scheitern das unausweichliche Menschenlos erblickt. Nicht die erfolgreichen Schachkämpfer dienen daher der Literatur als Vorbild, sondern die zuletzt Unterliegenden, Steinitz etwa oder Morphy, die im Irrsinn endeten, oder Nimzowitsch, der an Verfolgungswahn litt. Der sensible Mensch (hier Lushin oder Dr. B.) meistert auf die Dauer das Spiel, ein Sinnbild der Mächte des Schicksals oder des Zufalls, nicht; er zerbricht an ihm.

Seinen Platz in der Literatur hat das Schach seit der Blütezeit der arabischen Kultur. Es war stets ein hochgeschätztes Spiel, das als Spiegel des Lebens und der Welt betrachtet wurde und aus dem man – für das Leben – praktische Erkenntnisse ableitete und moralische Lehren zog. Das trifft auf die Schachszenen des „Ruodlieb" ebenso zu wie auf die Schachzabelbücher oder noch Heinses „Anastasia und das Schachspiel". Das Hauptinteresse galt in der Literatur früherer Jahrhunderte aber immer dem Spiel, nicht dem Spieler als einem Menschen von besonderer Eigenart und Begabung, und das Schachspiel wurde als ein Produkt menschlichen Erfindungsgeistes dargestellt und bespiegelt.

Das mußte sich zwangsläufig ändern mit dem Einbruch der Psychologie und Psychoanalyse in die Literatur, genauer gesagt in dem Augenblick, in dem der Schriftsteller unter „Psychologie" nicht mehr, wie noch im 19. Jh., die auf intuitiver Menschenkenntnis und Erfahrung beruhende Darstellung von Empfindungen und seelischen Regungen als Ursache oder Wirkung von Handlungsabläufen verstand, sondern eine selbständig gewordene, bewußt und präzise angewandte Wissenschaft, ein Instrument der Vivisektion. Der Mensch als eigentlicher Gegenstand der Psychologie, der Spieler, rückt in den „Schachromanen" unseres Jahrhunderts in den Mittelpunkt des Interesses.

Vier Autoren sind vor allem zu erwähnen: Gustav Meyrink, der in einer romantisch-okkulten Welt im Stile E. T. A. Hoffmanns und Edgar Allan Poes beheimatet war, zeichnete 1915 in seinem „Golem" das Leben des Schachmeisters Rudolf Charousek nach. Robert Jakob Humm schilderte in „Spiel mit Valdivia" einen zweiten Morphy, einen Schachspieler, der zuletzt nicht mehr an seine Berufung zu glauben vermag und seine Kunst aufgibt. Die beiden anderen Autoren wurden bereits genannt: Vladimir Nabokov, der selbst nicht nur Schach spielte, sondern auch Probleme komponierte, und Stefan Zweig. In den sonderbaren, ja absonderlichen Geschöpfen ihrer Phantasie – Lushin, Czentovic und Dr. B. – spiegelt sich das Schachverständnis der Literatur in der ersten Hälfte unseres Jahrhunderts.

Alexander Iwanowitsch Lushin wächst auf in der gleichförmig-schläfrigen Welt des russischen Kleinbürgertums, die in Tschechow ihren einfühlsamen Schilderer fand, ein schwächlicher Knabe, ein Eigenbrötler mit stark neurotischen Zügen. Der Vater, der sentimentale Romane für „Knaben, Jünglinge und Schüler mittlerer Lehranstalten" schreibt, sieht in ihm ein Wunderkind, aber was den kleinen Lushin vorerst von seinen Altersgenossen unterscheidet, ist allein sein unfrohes, verschlossenes Wesen. In der Schule erweist er sich als unbegabt. Er wird zum Gespött der Kameraden. Von seiner „Schlaffheit, Apathie, Schläfrigkeit und Unbeholfenheit“ ist in einem Zeugnis die Rede. Man sieht einen zweiten Oblomow Gestalt annehmen, eine jener tragisch-lächerlichen Figuren, denen das Leben zwischen den trägen Fingern zerrinnt.

Doch dann horcht man auf: Die „wunderlichen Eigenschaften der Zahlen“ fesseln den Knaben, das „regellose Spiel der geometrischen Linien“ ... „Mit Seligkeit und Grauen verfolgte er das senkrechte Ansteigen einer Schrägen längs einer anderen – ein Beispiel, in dem sich ihm das Geheimnis der Parallelität offenbarte.“ Er wird zum besessenen Puzzlespieler, er studiert Zaubertricks. Eines Tages findet er im Zimmer des Vaters ein Schachspiel und hört einen Besucher, einen Geiger, sagen: „Welch ein Spiel ... Kombinationen sind wie Melodien. Verstehen Sie, ich höre einfach die Züge ...“ Eine „fröhliche, rothaarige Tante“, die heimliche Geliebte seines Vaters, bringt ihm am nächsten Tag, falsch und unvollständig, die ersten Regeln bei.

Es war „der Tag, an dem die ganze Welt ringsum verlosch, als hätte jemand den Schalter ausgedreht. Nur das eine blieb inmitten der Finsternis hell erleuchtet, das neugeborene Wunder, dieses funkelnde Inselchen, auf das sich nun sein ganzes Leben konzentrieren sollte“.

In der Schule, in einer Freistunde, hört Lushin plötzlich „hinter seinem Rücken deutlich das charakteristische hölzern-klickende Geräusch, bei dem ihm heiß wurde und das sein Herz unregelmäßig schlagen ließ". Am nächsten Morgen schwänzt er die Schule und sucht die Tante auf, die ihm bald, da sie das Spiel selbst nicht beherrscht, einen Schachlehrer in Gestalt eines alten Verehrers besorgt. Er bleibt immer häufiger dem Unterricht fern und verbringt ganze Nachmittage außer Haus, um bei der Tante Schach zu spielen.

Er bemächtigt sich nicht souverän und aus freiem Willen des Schachspiels, sondern – man wird etwas ähnliches in der *Schachnovelle,* bei Dr. B., wiederfinden – das Schachspiel ergreift Gewalt von ihm, ein glühender Dämon, der sich in dem kalten, schläfrigen Hirn des kleinen Lushin einnistet. Bei der letzten Begegnung mit seinem Lehrer erzwingt er ein Remis. „Plötzlich ging Lushin ein Licht auf. Mit einem Mal fühlte er sich frei, und es war ihm, als könnte er durch bisher nebelhafte, qualvolltrübe Vorstellungen hindurch den tieferen Sinn des Spiels erfassen . . . ‚Sie werden es noch weit bringen', sagte der Alte. ‚Sie werden es noch weit bringen, wenn Sie so weitermachen. Gewaltige Fortschritte. Das ist mir noch nie vorgekommen . . .'"

Lushin besiegt seinen achtlos-dilettantisch spielenden Vater. „Nun, wenn schon, das war ja zu erwarten", sagt dieser. „Für ihn ist das Schachspiel keine Unterhaltung, er macht eine heilige Handlung daraus." Eine treffende Bemerkung, aber noch erkennt Lushin senior die geniale Begabung des Sohnes nicht. Der Doktor, ein Freund des Vaters, spielt mit dem Knaben und gibt ihm ein Schachlehrbuch – mit der Empfehlung, sich nicht zu sehr darin zu vertiefen –, und „manchmal brachte er ‚ein kleines Geschenk' mit, wie er es nannte, ein kniffliges Schachproblem, das er irgendwo ausgeschnitten hatte. Lushin stürzte sich darauf, fand die Lösung und stammelte glückstrahlend, einen ungewöhnlichen Ausdruck im Gesicht: ,Wie herrlich! Wie herrlich!' Von den Problemkompositionen ließ er sich aber auf die Dauer nicht bezaubern, weil er unklar fühlte, daß jede nähere Beschäftigung damit eine Vergeudung jener kämpferischen ... Kraft wäre, die er in sich spürte, wenn der Doktor seinen König mit den behaarten Fingern immer weiter zurückzog, dann erstarrte und nur noch kopfschüttelnd auf das Brett schaute."

Eine merkwürdige Persönlichkeitsspaltung vollzieht sich in ihm. Der Schachspieler, der Kämpfer erwacht, und dennoch bleibt Lushin, was er immer gewesen: ein träger, schreckhafter, schwerfälliger Junge. Als er erfolgreich in einem Schachklub auftritt und sein Foto in der Zeitung erscheint, kehrt er nicht triumphierend in die Schule zurück. Er fürchtet vielmehr, man könnte von seiner besonderen Begabung erfahren haben, und setzt nach einer schweren Krankheit seinen Entschluß, die Schule nicht mehr zu besuchen, gegen die Eltern durch. Er wird zur Genesung an die Adria und später in einen deutschen Kurort geschickt. Dort erringt er als Vierzehnjähriger in einem Schachturnier den dritten Platz.

Ein gewisser Valentinov, halb Erzieher, halb Impresario, nimmt sich seiner an. Lushin kämpft gegen die besten russischen Spieler, er beginnt blindsimultan zu spielen und wird, von Valentinov ausgenutzt, ein hervorragender Blindspieler. Nach der Revolution wird seine Familie aus Rußland ausgewiesen. Lushins internationale Schachkarriere beginnt.

Man sieht in „Lushin", ja sogar im Titel des Romans, eine Anspielung auf Aljechin (jedem Schachspieler ist „Aljechins Verteidigung" ein Begriff), Aljechin hieß mit Vor- und Vatersnamen zwar

Alexander Alexandrowitsch, aber sein Vater hieß wie Lushin Alexander Iwanowitsch. Eine ungefähre Übereinstimmung zeigen auch die Lebensläufe. Auch Aljechin erlangte frühen Ruhm (er war jedoch kein Wunderkind wie Lushin), er verließ 1921 die Sowjetunion, war ein vorzüglicher Blindspieler und so fort. Von solchen Äußerlichkeiten abgesehen hat jedoch der brillante, weltgewandte Aljechin nichts mit dem weltfremden und außerhalb der Turniersäle geradezu stumpfsinnigen Lushin zu tun, dem der Leser wieder in dem deutschen Kurort begegnet, in dem er sich vor dem Krieg mit seinem Vater aufgehalten hat.

Der Autor hat einige Jahre übersprungen, in denen Lushin Triumphe feierte, und zeigt ihn, nun schon an der Schwelle des Abstiegs, als einen „massigen, finster dreinblickenden Menschen“ voll „Unbeholfenheit und Mißmut“, der sich, nachdem er sich von Valentinov getrennt hat, in dem Kurort auf ein Turnier in Berlin vorbereitet . . .

Das Sonderbare ist, daß Nabokov die große Schachbegabung in einen Mann verbannt, der nicht nur äußerlich ein Muster von ans Lächerliche grenzender Tolpatschigkeit ist, ohne Manieren und, da er nicht auf seine Umgebung einzugehen versteht, ohne Takt, sondern auch ein Mensch ohne einen Anflug von Geist, mürrisch, verschlossen, außerstande, ein Gespräch zu führen, unfähig, sich für etwas anderes als das Schachspiel zu interessieren. Doch mag Lushin auch ein Eremit sein, dem die Welt der anderen fremd und unzugänglich ist, er besitzt immerhin Intelligenz, ja Scharfsinn, und eine rudimentäre Bildung, und man ahnt hinter seinem sonderbaren und verrückten Gebaren große Empfindsamkeit, das Naturell eines Künstlers.

Verglichen mit ihm ist Mirko Czentovic, das Schachwunderkind Stefan Zweigs, beinahe gänzlich aller feineren menschlichen Empfindungen bar, beinahe ein Roboter.

Mirko stammte aus einer anderen, primitiven Welt. Er war zwölf Jahre alt, als sein Vater, ein südslawischer Donauschiffer, tödlich verunglückte. Ein Pfarrer nahm sich des „maulfaulen, dumpfen, breitstirnigen Kindes“ an. „Was den guten Pfarrer an dem querköpfigen Knaben am meisten verdroß“, heißt es in der *Schachnovelle*, „war seine große Teilnahmslosigkeit ... Er saß stur im Zimmer herum mit jenem leeren Blick, wie ihn Schafe auf der Weide haben, ohne an den Geschehnissen ringsum den geringsten Anteil zu nehmen.“ Später wird man von dem Weltmeister Czentovic sagen: „Seine Unbildung war auf allen Gebieten gleich universell ... Er war außerstande, in irgendeiner Sprache einen Satz ohne orthographische Fehler zu schreiben.“

Noch mit vierzehn Jahren muß Mirko die Finger zu Hilfe nehmen, um eine einfache Rechenaufgabe zu lösen. Er spielt nicht mit anderen Kindern und ist unfähig, sich selbst eine Beschäftigung zu suchen. Nichts deutet auf ein besonderes Interesse, eine noch so bescheidene Begabung hin. Man glaubt einen regelrecht Schwachsinnigen vor sich zu haben.

An den Abenden spielt der Pfarrer mit dem Gendarmeriewachtmeister Schach. Er ahnt nicht, was hinter der breiten Stirn des „anscheinend schläfrig und gleichgültig auf das karierte Brett“ starrenden Burschen vorgeht. Einmal wird er mitten in der Partie zu einer Sterbenden gerufen. Der Wachtmeister fordert Mirko gutmütig scherzend auf, die Stelle des Pfarrers einzunehmen – und wird nach vierzehn Zügen geschlagen. An den folgenden Tagen besiegt Mirko mit Leichtigkeit sowohl den Wachtmeister als auch den Pfarrer. Aber er nimmt seine Siege mit stumpfem Gleichmut hin. Von der Ekstase Lushins bei der Entdeckung des Schachspiels ist nichts zu spüren. Aus seinem Munde wird man nie ein „Wie herrlich!" vernehmen.

Er schlägt alle Schachspieler, die ihm der Pfarrer in der Stadt präsentiert, und findet einen Mäzen in dem Grafen Simczic, der ihn in Wien von einem Schachmeister ausbilden läßt. Schon nach einem halben Jahr (!) beherrscht Mirko „sämtliche Geheimnisse der Schachtechnik". Im Gegensatz zu Lushin wird er aber niemals imstande sein, auch nur eine einzige Partie blind zu spielen. Der Autor erklärt dies mit „einem Mangel an imaginativer Kraft", der jedoch Mirkos „stupenden Aufstieg keineswegs verzögert". Er erringt mit 18 Jahren die ungarische Meisterschaft und wird mit 20 Jahren Weltmeister. (Der jüngste wirkliche Weltmeister war Karpow mit 23 Jahren.)

Zweig muß selbst gespürt haben, was für einen ungewöhnlichen Schachspieler und Weltmeister er in der Gestalt des Mirko Czentovic schuf, es muß ihm bewußt gewesen sein, daß er seine Figur überscharf anlegte. Er schrieb wörtlich:

„Die verwegensten Champions, jeder einzelne an intellektueller Begabung, an Phantasie und Kühnheit ihm unermeßlich überlegen, erlagen ebenso seiner zähen und kalten Logik wie Napoleon dem schwerfälligen Kutusow, wie Hannibal dem Fabius Cunctator, von dem Livius berichtet, daß er gleichfalls in seiner Kindheit derart auffällige Züge von Phlegma und Imbezillität gezeigt habe. So geschah es, daß in die illustre Galerie der Schachmeister, die in ihren Reihen die verschiedensten Typen intellektueller Überlegenheit vereinigt –

Philosophen, Mathematiker, kalkulierende, imaginierende und oft schöpferische Naturen –, zum erstenmal ein völliger Outsider der geistigen Welt einbrach, ein schwerer, maulfauler Bauernbursche, aus dem auch nur ein einziges publizistisch brauchbares Wort herauszulocken selbst den gerissensten Journalisten nie gelang."

Mirko Czentovic wird im folgenden als groteske und beinahe komische Figur geschildert, ähnlich wie Lushin, aber während der Russe ein sein Äußeres vernachlässigender, schlampiger Mensch mit schmutzigen und ausgefransten Manschetten ist, trägt Mirko – ganz Weltmann, wie er es versteht – einen feierlichen schwarzen Anzug mit pompöser Krawatte. Er läßt sich sogar maniküren und bleibt dennoch der beschränkte Bauernjunge, während Lushin die Aura des Künstlers umgibt. Doch gerade in seiner Beschränktheit liegt seine Rettung. Das tragische Schicksal eines Lushin bleibt ihm erspart, da er nicht einen Augenblick an seiner Größe zweifelt. Er hält sich für „den wichtigsten Mann der Welt", er ist erfüllt von einem „kalten und meist plump zur Schau getragenen Stolz". Zweig läßt den Freund des Erzählers in der *Schachnovelle* sagen:

„Und dann, ist es nicht eigentlich verflucht leicht, sich für einen großen Menschen zu halten, wenn man nicht mit der leisesten Ahnung belastet ist, daß ein Rembrandt, ein Beethoven, ein Dante, ein Napoleon je gelebt haben? Dieser Bursche weiß in seinem vermauerten Gehirn nur das eine, daß er seit Monaten nicht eine einzige Schachpartie verloren hat, und da er eben nicht ahnt, daß es außer Schach und Geld noch andere Werte auf unserer Erde gibt, hat er allen Grund, von sich begeistert zu sein."

Lushin, Czentovic und Dr. B.

Die Schachnovelle spielt auf einem Dampfer, der nach Argentinien unterwegs ist. Der Erzähler, durch den Freund aufmerksam gemacht, möchte den seltsamen Schachweltmeister kennenlernen. „Alle Arten von monomanischen, in eine einzige Idee verschossenen Menschen haben mich zeitlebens angereizt“, überlegt er. „Denn je mehr sich einer begrenzt, um so mehr ist er andererseits dem Unendlichen nahe; gerade solche scheinbar Weltabseitigen bauen sich in ihrer besonderen Materie termitenhaft eine merkwürdige und durchaus einmalige Abbreviatur der Welt.“ Allein Czentovic, der, um sich keine Blöße zu geben, jedem Gespräch ausweicht – „so kann sich niemand rühmen, je ein dummes Wort von ihm gehört ... zu haben“ –, bleibt unnahbar. McConnor, ein schottischer Passagier, lädt ihn schließlich zu einer Simultanpartie ein, und der Meister willigt gegen ein Honorar von 250 Dollar ein. Da es an Bord nicht genug Schachbretter gibt, wird die Simultanpartie in eine Beratungspartie verwandelt. Die Gruppe um McConnor überlegt die Züge gemeinsam. Czentovic siegt mühelos. Eine zweite Partie verläuft ähnlich wie die erste, aber als McConnor und seine Mitspieler drauf und dran sind, in eine von Czentovic gestellte Falle zu gehen, mischt sich „ein Herr von etwa 45 Jahren“ ein. Er übernimmt die Führung und erzielt ein Remis gegen den Weltmeister.

Czentovic schlägt eine dritte Partie vor. McConnor und seine Anhänger beschließen, daß der Fremde allein gegen ihn spielen soll. Dieser, ein gewisser Dr. B., verwahrt sich dagegen und behauptet, er habe seit 20 Jahren nicht mehr Schach gespielt. Er wird umgestimmt, und die Partie wird auf den nächsten Tag festgesetzt.

Am Vorabend des Wettkampfs erfährt der Erzähler die Lebensgeschichte des Dr. B. Es zeigt sich nun, daß Czentovic mit seiner „termitenhaften Abbreviatur der Welt“ nur als Staffage dient. Der eigentliche Held der Schachnovelle ist Dr. B., ein gänzlich anderer Typ als Czentovic (oder auch Lushin): ein hochgebildeter, sensibler Intellektueller, von Beruf Rechtsanwalt. Er hatte eine Anwaltskanzlei in Wien geleitet, die sich mit der Vermögensverwaltung der großen Klöster befaßte und Transaktionen vornahm, durch die ein Teil des mobilen Besitzes deutscher Klöster vor der Beschlagnahme gerettet wurde. Beim Anschluß Österreichs wird Dr. B. daher von der Gestapo verhaftet, in einem Zimmer des Hotel Metropole untergebracht und monatelang täglich verhört.

Mehr noch als die Verhöre zermürben ihn die Leere seines Zimmers und die vollkommene Einsamkeit: „Auge, Ohr, alle Sinne bekamen von morgens bis nachts und von nachts bis morgens nicht die geringste Nahrung, man blieb mit sich, mit seinem Körper und den vier oder fünf stummen Gegenständen Tisch, Bett, Fenster, Waschschüssel rettungslos allein; man lebte wie ein Taucher unter der Glasglocke im schwarzen Ozean dieses Schweigens ...“

Eines Tages stiehlt der nach geistiger Nahrung hungernde Dr. B., als er zum Verhör geführt wird, ein Buch aus der Manteltasche eines Wärters. Er schmuggelt es in sein Zimmer und erlebt eine bittere Enttäuschung: „Dieses mit so ungeheurer Gefahr erbeutete ... Buch war nichts anderes als ein Schachrepetitorium, eine Sammlung von hundertfünfzig Meisterpartien.“ Dr. B. hat seit seiner Gymnasialzeit nicht mehr Schach gespielt, aber als er nun die Diagramme zu enträtseln beginnt, verlockt es ihn, sich die Zeit mit dem Nachspielen der Partien zu vertreiben.

Aus Brot modelliert er winzige Figuren, das karierte Bettuch dient ihm als Brett. „Nach sechs Tagen“, berichtet er, „spielte ich schon die [erste] Partie tadellos zu Ende, nach weiteren acht Tagen benötigte ich nicht einmal die Krümel auf dem Bettuch mehr, um mir die Positionen aus dem Schachbuch zu vergegenständlichen, und nach weiteren acht Tagen wurde auch das karierte Bettuch entbehrlich; automatisch verwandelten sich die anfangs abstrakten Zeichen des Buches a1, a2, c7, c8 hinter meiner Stirn zu visuellen, zu plastischen Positionen.“

Vierzehn Tage später spielt Dr. B. jede Partie aus dem Buch blind nach. Er „lernte die Feinheiten, die Tücken und Schärfen in Angriff und Verteidigung verstehen“, er „erfaßte die Technik des Vorausdenkens, Kombinierens, Ripostierens und erkannte bald die persönliche Note jedes einzelnen Schachmeisters ... so unfehlbar, wie man die Verse eines Dichters schon aus wenigen Zeilen feststellt.“ Nach etwa drei Monaten verlieren jedoch die immer wieder im Geiste durchgespielten Partien jeden Reiz. Dr. B. muß, um sich noch ablenken zu können, gegen sich selbst spielen. „Aber schon die flüchtigste Überlegung dürfte ausreichen, um klarzumachen, daß beim Schach als einem reinen, vom Zufall abgelösten Denkspiel, es logischerweise eine Absurdität bedeutet, gegen sich selbst spielen zu wollen ... Bildeten Schwarz und Weiß ein und dieselbe Person, so ergäbe sich der widersinnige Zustand, daß ein und dasselbe Gehirn etwas wissen und doch nicht wissen sollte, daß es als Partner Weiß funktionierend auf Kommando völlig vergessen könnte, was es eine Minute vorher als Partner Schwarz gewollt und beabsichtigt ... Aber ich hatte keine Wahl als diesen Widersinn, um nicht dem puren Irrsinn oder einem völligen geistigen Marasmus zu verfallen."

Der Widersinn wird zum Wahnsinn, denn Dr. B. spielt blind, ohne Brett und Steine, gegen sich selbst. Aus dem Glück, dem Genuß des rein betrachtenden Nachspielens von Meisterpartien wird ein quälender Zwang, eine nervenzerrüttende Besessenheit. Dr. B. spricht davon, daß die Wut, die Rachelust des unschuldig Inhaftierten „fanatisch in dieses Spiel hinein" fährt: „Etwas in mir wollte recht behalten, und ich hatte doch nur dieses andere Ich in mir, das ich bekämpfen konnte; so steigerte ich mich während des Spiels in eine fast manische Erregung." Von einer „irrwitzigen Unersättlichkeit", liest man, einer „frenetischen Wut", die schließlich auch seinen Schlaf durchdringt: „Ich konnte nur noch Schach denken ..."

Die Verhöre, das Essen, alles wird ihm zur lästigen Unterbrechung seiner verzweifelten Schachkämpfe, er rennt unablässig, von heftigem Durst gequält, im Zimmer auf und ab, mit geballten Fäusten, sich selbst „Schach!" oder „Matt!" zuschreiend, sich selbst beschimpfend. Er wird nach seinen eigenen Worten das Opfer einer „Schachvergiftung".

Eines Tages kommt Dr. B. in einem Krankenhaus wieder zu sich. Er hatte in seinem Zimmer einen Tobsuchtsanfall erlitten und, als er zur ärztlichen Untersuchung geführt wurde, eine Fensterscheibe eingeschlagen und sich die Hand zerschnitten. Der behandelnde Arzt hält ihn so lange wie möglich im Krankenhaus zurück, und Dr. B. wird schließlich von der Gestapo entlassen und des Landes verwiesen.

Als er im Rauchsalon des Dampfers, der ihn ins Exil bringt, auf die Schachspieler stößt, erfassen ihn „Staunen und Schrecken, denn ich hatte total vergessen, daß man Schach spielen kann an einem wirklichen Schachbrett und mit wirklichen Figuren, vergessen, daß bei diesem Spiel zwei völlig verschiedene Menschen einander leibhaftig gegenübersitzen". Er fragt sich, ob die zahllosen Partien, die er gespielt hatte, „tatsächlich regelrechte Schachpartien waren und nicht bloß eine Art Traumschach, ein Fieberschach . . ."

Am folgenden Tag treffen zwei Spieler aufeinander, wie sie die lebhafteste Phantasie nicht unähnlicher erfinden könnte – wenn sie nicht ohnehin der Phantasie entsprungen wären. Hier Dr. B., der, mit überlegener Intelligenz und entspannt mit den Zuschauern plaudernd, jeden Zug seines Gegners vorauszusehen scheint und augenblicklich erwidert, dort Czentovic, der „unbeweglich wie ein Block, die Augen streng und starr auf das Schachbrett gesenkt", angestrengt überlegt und mit schwerfälliger Hand die Steine bewegt, plump, aber unerschütterlich. Je langsamer der Weltmeister spielt, desto ungeduldiger wird Dr. B., der auf seinem Stuhl hin und her rutscht, hastig raucht und schließlich aufspringt und mit sichtlich wachsender Erregung immer schneller auf und ab geht wie einst in seinem Hotelzimmer. Völlig unerwartet für die Zuschauer, die nicht zu begreifen imstande sind, was auf dem Brett vorgeht, gibt Czentovic auf.

Doch „mit steinernem Blick" fragt er: „Noch eine Partie?" Dr. B. stellt hastig die Steine neu auf. „Eine sichtbare Exaltiertheit war über den vorher so stillen und ruhigen Menschen gekommen; das Zucken fuhr immer öfter um seinen Mund, und sein Körper zitterte wie von einem jähen Fieber geschüttelt ... Mit einemmal stand etwas Neues zwischen den beiden Spielern, eine gefährliche Spannung, ein leidenschaftlicher Haß." Czentovic, der längst erkannt hat, daß er den Gegner durch seine Langsamkeit entnervt, läßt sich vier Minuten Zeit, bevor er mit dem Königsbauern eröffnet. Dr. B., dessen Stirn feucht wird, versucht nach einigen Zügen, ihn anzutreiben, aber er besteht darauf, die vereinbarte Bedenkzeit von zehn Minuten pro Zug voll auszuschöpfen.

Plötzlich verwandelt sich Dr. B.'s Erregung in Teilnahmslosigkeit. Er sitzt regungslos auf seinem Platz, murmelt Unverständliches vor sich hin und muß jedesmal aus seiner Geistesabwesenheit geweckt werden, wenn Czentovic gezogen hat. „Immer mehr beschlich mich der Verdacht", berichtet der Erzähler, „er habe eigentlich Czentovic und uns alle vergessen in dieser kalten Form des Wahnsinns, der sich plötzlich in irgendeiner Heftigkeit entladen konnte." Auf einmal schiebt Dr. B. einen Läufer vor und schreit laut in die Stille hinein: „Schach! Schach dem König!" Czentovic hebt langsam den Kopf, blickt sich höhnisch lächelnd um. Er sieht kein Schach, und tatsächlich ist sein König durch einen Bauern gegen den Läufer gedeckt.

Dr. B. starrt auf das Brett und stammelt: „Aber der König gehört doch auf f7 ... Er steht falsch ... Alles steht ganz falsch auf diesem Brett ... Das ist doch eine ganz andere Partie ..."

Er hat die Beziehung zur auf dem Brett gespielten Partie verloren, er ist nicht imstande, einen Dialog mit einem Partner zu führen. Er ist zurückgefallen in seine irrwitzige alptraumhafte Schachwelt, in der die Partien seinen Zwängen gehorchend ablaufen wie innere Monologe.

Der Erzähler bringt den Verwirrten zu sich,

indem er „Remember!“ sagt und mit dem Finger über die Narbe auf seiner Hand streicht. Dr. B. steht auf, entschuldigt sich bei Czentovic und den Zuschauern und gibt die Partie auf. „Nur ich wußte, warum dieser Mann nie mehr ein Schachbrett berühren wird“, sagt der Erzähler. Die Gefahr ist für immer gebannt. Dr. B. hat erkannt, daß es keine Brücke gibt zwischen seinem besessenen „Traumschach“ und dem Schach, das von Menschen aus Fleisch und Blut auf einem Brett gespielt wird.

Mit unangetastetem Selbstbewußtsein geht Czentovic aus der Begegnung hervor, dieser Mann, der Schachmeister wurde, wie ein anderer seines Schlages Boxer oder Ringer wird. „Schade“, sagte er mit einem letzten Blick auf das Brett. „Der Angriff war gar nicht so übel disponiert. Für einen Dilettanten ist dieser Herr eigentlich ungewöhnlich begabt.“

Er wird weiterspielen, wird Weltmeister bleiben, bis ihn ein anderer, Stärkerer, buchstäblich niederringt.

Wenn Dr. B. an einer akuten, heilbaren „Schachvergiftung“ litt, so ist die Lushins chronischer Natur und unheilbar. Und Lushin besitzt nicht die rohe Kraft, die Nerven, die Zähigkeit Czentovics. Seine weitere Lebensbeschreibung kann nur die Schilderung eines Niedergangs sein. Nabokovs Roman hat nichts von der rasch sich steigernden Dramatik der *Schachnovelle*. Er ist die subtile Zeichnung eines ebenso absonderlichen wie schwachen Menschen, der an sich selbst zugrunde geht.

Lushin ist, als er sich in dem deutschen Kurort auf das Turnier vorbereitet, nicht mehr auf der Höhe seines Könnens. „Er hatte kein rechtes Glück mehr auf Turnieren gehabt.“ Er ist müde, erschöpft. „In letzter Zeit hatte er viel und wahllos durcheinander gespielt. Besonders das Blindspielen strengte ihn an. Es wurde recht gut honoriert und von ihm gern vorgeführt. Er fand darin einen tiefen Genuß, denn man brauchte sich dabei nicht mit den sichtbaren, aufdringlichen, greifbaren Figuren abzugeben, die ihn mit ihren gekünstelten Schnitzereien, ihrer hölzernen Gegenständlichkeit immer störten und ihm stets als eine rohe irdische Verkörperung der ... dem Schach innewohnenden Kräfte erschienen.“ Eine interessante Parallele: etwas Ähnliches hätte Dr. B. sagen können, den greifbare Figuren völlig aus der Fassung brachten. Hat Lushin eine ähnliche Verinnerlichung und Abkehr von der eigentlichen Welt der Schachkämpfe erreicht, wie sie Dr. B. notgedrungen von Anfang an erlebte, und zeichnet sich darin schon der bevorstehende Zusammenbruch ab? Es ist in diesem Zusammenhang bedeutsam, daß der ganz in der Wirklichkeit lebende und kämpfende Czentovic niemals blind spielt.

Lushins stärkster Gegner im bevorstehenden Turnier wird Turatti sein, gegen den er schon einmal verlor. Und Turatti wird geschildert als ein „wesensverwandter Spieler, der nur weitergehende Fortschritte gemacht hatte“. Lushins Spiel „wirkte jetzt vor den glanzvollen Eskapaden Turattis fast ein wenig altmodisch ... Er fühlte sich bestohlen, sah in den dreisten Konkurrenten, die ihn überholten, nur undankbare Nachäffer und begriff nur in den seltensten Fällen, daß er selbst Schuld daran trug, wenn er auf seinem Gebiet, wo er einst neue Wege wies, keine Fortschritte mehr gemacht hatte.“

In dieser Lebenssituation verliebt sich Lushin in eine Petersburger Dame aus dem Emigrantenmilieu, die sich ihm mit einer Mischung aus zärtlicher Rührung und Abscheu vor dem grotesken, ungeschliffenen Mann anschließt.

„Hören Sie", fragt sie ihn bei einem Besuch in seinem Zimmer, „hat man Sie eigentlich jemals irgendwo erzogen? Haben Sie irgendwo studiert? Sind Sie überhaupt schon irgendwann einmal mit Menschen zusammengekommen, haben Sie mit Menschen gesprochen?" Sie blickt sich in dem unordentlichen Zimmer um, sieht den von Papieren bedeckten Tisch, das zerwühlte Bett. „Und in diesem ungemütlichen Durcheinander hockte der scharfsinnigste Mensch, den man sich denken konnte, ein Mensch, der sich mit einer hirnverbrannten Kunst befaßte . . ."

Sie lehnt einen Heiratsantrag Lushins, seine Annäherungsversuche voller Komik und unfreiwilliger Clownerie, ab und befaßt sich dennoch unablässig mit dem Gedanken, seine Frau zu werden, obwohl sie weiß, daß ihre Familie ihn ablehnen wird. Tatsächlich hält ihn ihre Mutter, die sie im Kurort besucht, für „gar keinen Menschen", für einen schlechthin „ordinären Kerl". Mutter und Tochter fahren nach Berlin zurück, wohin sich auch Lushin zum Turnier begibt. Er besucht die Damen in ihrem Haus und liefert, zwischen seiner Schachversunkenheit und überquellender Zärtlichkeit hin und her gerissen, einen peinlich-lächerlichen Auftritt nach dem andern. Der Vater seiner Angebeteten akzeptiert ihn jedoch gutwillig. Von der Heirat wird nun offen gesprochen.

Im Turnier kann Lushin zunächst Erfolge erringen, ja man sieht in ihm sogar schon den Sieger, doch noch steht ihm der Kampf mit Turatti bevor.

Die Welt des Schachs zieht ihn vollends in ihren Bann. „Klar erkannte er, daß es außerhalb des Schachs nur eine, wenn auch bezaubernde Traumwelt gab, in der das Bildnis einer lieben, helläugigen jungen Dame mit entblößten Armen hinschmolz wie der goldene Glanz des Mondes . . . Harmonisch, überschaubar und voller Abenteuer war dagegen das wirkliche Leben, das Schachleben, und mit Stolz empfand Lushin, wie leicht er in diesem Leben herrschen konnte . . . Einige Partien, die er auf dem Berliner Turnier spielte, wurden von Kennern als unsterblich bezeichnet."

Zur Partie mit Turatti kommt Lushin, der sich in der Wirklichkeit des Hotels schon nicht mehr zurechtfindet, zu spät. Dann spielt er wie in Ekstase, bis ein geringfügiger äußerer Anlaß die Katastrophe auslöst. Lushin verbrennt sich, als er eine Zigarette anzünden will, die Finger. „Der Schmerz verging sofort, aber in dem Schein des Flämmchens hatte er etwas unfaßbar Schreckliches erblickt. Das Grauen der Abgründe, in die er hinabgetaucht war, ergriff ihn." Im nächsten Augenblick steht Turatti auch schon auf, die Partie wird abgebrochen. Lushin verläßt völlig verwirrt, nicht ansprechbar, den Saal, irrt durch Berlin, das sich in seiner Phantasie in die Heimat seiner Kindheit verwandelt, und wird von zwei Betrunkenen aufgelesen und in das Haus seiner Braut gebracht.

In einem Sanatorium kehrt er langsam aus seiner Alptraumwelt zurück. Der Psychiater versucht, ihm das Schachspiel auszureden. „Er erzählte, daß ringsum die freie, lichte Welt liege und daß das Schachspiel nur kalte Kurzweil sei, die das Hirn ausdörre und verwirre, daß ein leidenschaftlicher Schachspieler ebenso närrisch sei wie ein Verrückter, der das Perpetuum mobile erfinden oder die Kieselsteine am einsamen Ufer des Meeres zählen wolle ... Verzweiflung, Qualen und Wehmut ... das alles sind die Folgen dieses kräfteverzehrenden Spiels." Und: „Ich werde Sie nicht mehr liebhaben, wenn Sie wieder an das Schach denken", sagt seine Braut.

Lushin soll dem Schachspiel ganz abschwören und nach seiner Genesung einen Posten übernehmen, den ihm sein Schwiegervarter verschaffen will. Er soll eine bürgerliche Existenz gründen. Er heiratet endlich die Dame aus Petersburg. Aber alles geschieht wie im Traum, und Lushin, am Ziel seiner Wünsche, verschläft die Hochzeitsnacht. Man spricht von einer Auslandsreise, die immer wieder aufgeschoben wird. Lushin vertrödelt seine Tage, beschäftigt sich mit Nichtigkeiten, wird vollends zur komischen Figur, ein Nichts ohne sein Schachspiel – dem er jedoch nur scheinbar entsagt.

Nicht nur löst er heimlich in den Emigrantenblättern und sowjetischen Zeitungen, die ihm seine Frau besorgt, alle Schachaufgaben im Kopf: er beginnt nun sein ganzes Leben als eine Schachpartie zu sehen. „So wie es beim praktischen Spiel auf dem Brett vorkommt, daß sich eine theoretisch bekannte, studienhafte Kombination in abgewandelter Form wiederholt, so zeichnete sich unter seinen augenblicklichen Lebensumständen die folgerichtige Wiederholung eines ihm wohlbekannten Schemas ab ... Vor Freude und Schrecken verwirrt, verfolgte er, wie unheimlich, wie raffiniert, wie geschmeidig sich in letzter Zeit die Bilder seiner Kindheit Zug um Zug wiederholt hatten, doch war ihm immer noch nicht klar, warum diese kombinatorische Wiederholung für sein Leben so furchtbar war ... Er beschloß, viel umsichtiger zu werden, die weitere Entwicklung der Züge, sofern sich eine solche abzeichnen sollte, genau zu verfolgen... Seit diesem Tage gab es für ihn keine Ruhe mehr, mußte man doch eine *Verteidigung* gegen diese tückische Kombination finden..."

Er fühlt, daß sich etwas gegen ihn vorbereitet, immer näher kommt. Alle Versuche Frau Lushinas, ihren Mann durch Lektüre und Gesellschaften zu zerstreuen, schlagen fehl. Lushin ist Tag und Nacht mit der „ungeheuerlichen Kombination" beschäftigt, mit dem langsam, aber äußerst fein gegen ihn vorgetragenen Angriff. Selbst in Stunden größter Ruhe denkt er: „Man will mich überrumpeln. Aufpassen, aufpassen. Scharf konzentrieren und beobachten..." Er denkt nur noch in Schachbegriffen, er sucht nach der wirksamen „Verteidigung". Er plant etwas völlig Unsinniges, Überraschendes, um die vorbereiteten Zugfolgen seines Gegners zunichte zu machen.

Als er eines Tages nach Hause kommt, erwartet ihn sein ehemaliger Manager Valentinov. Er will einen Film über einen Schachspieler drehen, in dem neben Turatti Lushin mitwirken soll. Nun erkennt Lushin den direkten Angriff: Er soll wieder zum Schachspiel verführt werden... „Durch fortwährende Zugwiederholungen sollte diese Leidenschaft wieder geweckt, sollten die den Traum seines Lebens zerstörenden Qualen erneut heraufbeschworen werden und mit ihnen Verödung, Grauen, Wahnsinn... Seine Verteidigung war fehlerhaft. Diese Fehler hatte der Gegner vorausgesehen und den unerbittlichen, schon seit langem vorbereiteten Zug nun ausgeführt."

Lushin flieht, kehrt in sein Haus zurück, wandert in den Zimmern hin und her, leert plötzlich seine Taschen aus, verabschiedet sich mit unbestimmten Worten von seiner Frau – „Es gibt keinen anderen Weg. Das Spiel ist verloren" –, riegelt sich im Badezimmer ein und stürzt sich aus dem Fenster ...

Die Literatur hat ihre eigene Realität und Wahrheit, die sich selten mit der alltäglichen deckt. Trotzdem kann man nicht umhin zu fragen: Welche Beziehungen lassen sich zwischen diesen drei erdichteten Schachspielern und tatsächlich lebenden oder toten Schachmeistern herstellen?

Lushin endet wie einige Vorbilder aus der Schachwelt im Wahnsinn, er begeht (wenn auch aus anderen Gründen) Selbstmord wie – vermutlich – Aljechin, dem sein Schöpfer einige Züge entliehen hat, obgleich Lushin niemals die Karriere Aljechins durchlief, der immerhin Weltmeister war, als Nabokov seine karikaturenhafte Figur erdachte. Tatsächlich ist Lushin mit seiner Morbidität und Versponnenheit eine von Anfang an zum Scheitern verurteilte Figur, der die Größe versagt bleiben muß. Er ist nicht genug potenter Denker, nicht genug leidenschaftlicher Kämpfer, um ein großer Schachmeister sein zu können, ein zu schwächliches Gefäß für eine große Begabung, und bezeichnenderweise zeigt Nabokov auch nur den heranwachsenden und dann den scheiternden Lushin, eine psychologische Studie in Moll: der triumphierende Lushin wird in Nebensätzen abgehandelt.

Dr. B. ist ein genialer Außenseiter, der eine Schachlaufbahn niemals eingeschlagen hat. Er erliegt unter außergewöhnlichen Lebensumständen seiner „Schachvergiftung" und muß, wie der Wettkampf auf dem Dampfer zeigt, dem Schachspiel entsagen, wenn es ihm nicht zum Verhängnis werden soll. Den Weg zum großen Meister, zum Weltmeister, geht beharrlich allein Mirko Czentovic, aber er ist – sein Schöpfer sagt es selbst – ein Weltmeister, wie man noch keinen gesehen hat (und vermutlich auch nie einen sehen wird).

Es ist, als hätten die beiden Autoren, Nabokov und Zweig, unabhängig voneinander einen fiktiven Schachmeister analysiert, in seine negativen und zum Teil selbstzerstörerischen Komponenten zerlegt und diese zu selbständigem, zu einem irrationalen Leben erweckt. Sie fordern zu einem Experiment heraus. Übersetzen wir Literatur in Wirklichkeit. Verdichten wir die drei zu einer einzigen Gestalt, zu einem Dr. Mirko Lushin oder einem Dr. Alexander Czentovic. Geben wir dem frühbegabten, überempfindlichen, monoman schachbesessenen Lushin etwas von der derben Konstitution Czentovics, von seinem zähen, sturen Kampfgeist und Siegeswillen, seinem übersteigerten Selbstbewußtsein und Sadismus, verwandeln wir Lushins lächerliche Schwächen in pittoreske Marotten, wie man sie so vielen Schachmeistern nachsagt, und fügen wir von Dr. B. die überlegene Intelligenz hinzu, seine, wie Zweig sagt, imaginative Kraft.

So entsteht das Bild des modernen, fürchtenswerten Schachkämpfers, des „Killers" Fischer etwa oder des „Panthers" Tal, das Bild eines jener Männer, von denen Karl Menninger, Schachenthusiast und Psychoanalytiker, alle Schachspieler charakterisierend, sagte:

„Stillschweigend planen (und unternehmen) sie blutdürstige Feldzüge des Vatermordes, Muttermordes, Brudermordes, Königsmordes und der schweren Körperverletzung."

Anhang

Abbildungsverzeichnis

Das Abbildungsverzeichnis vermerkt neben den Bildunterschriften die Urheber und die Institutionen oder Personen, die Vorlagen zur Verfügung gestellt haben. Bildvorlagen aus dem Bildarchiv der Österreichischen Nationalbibliothek zu Wien wurden mit der Abkürzung ÖNB gekennzeichnet.

Seite

143 In barocker Manier zugestutzte Bäume, Sträucher und Hecken. Aus Passecker/Gruber „Allsamt ein irdisch Paradies oder Garten-Brevier“, Wien 1976

147 Der Fuchs und die Trauben. Illustration zu den Fabeln Aesops, um 1476

148 Pariser Kaffeehaus. Buchillustration von Foujita

151 Hofmarschall von Schardt als Kiebitz. Seine Frau spielt Schach mit dem Sohn Ludwig. Anonymer Schattenriß um 1780

153 König und Bischof beim Schachspiel. Aus Caxtons Schachbuch, 1474

155 Ein Ritter. Holzschnitt aus Meister Stephans Schachbuch, Lübeck, um 1490. In diesem Werk werden verschiedene Stände nach Art der Figuren des Schachspiels beschrieben. Die Figuren waren Kaiser, Königin, Richter, Ritter und Königsbote, während die Bauern unterschieden wurden als: Bauer, Schmied, Wollweber, Wechsler, Apotheker, Gastwirt, Wächter und Läufer

158 Der Königsbote. Holzschnitt aus Meister Stephans Schachbuch, op. cit.

162 Emanuel Lasker. Zeichnung von Hans Pfannmüller. Aus Silbermann/Unzicker „Geschichte des Schachs“, op. cit.

165 Pîl. Elefant des indischen Tschaturanga, der von den Persern und Arabern übernommen wurde und aus dem sich später der Läufer, von den Engländern Bishop genannt, entwickelt. Aus Thomas Hyde „Syntagma dissertationum“, op. cit.

167 Lebendes Schachspiel. Französischer Kupferstich um 1640

169 Daniel Chodowiecki, Stich Ende 18. Jh. mit dem ironischen Titel „Erziehung“

170 Galanter französischer Stich, verlegt von P. Mariette, Paris, um 1700. Ausschnitt

171 Schachspiel im Salon. Zeichnung aus der Zeit des Ersten Kaiserreiches

173 Bridget Riley, Bewegung in Quadraten, 1961. Aus Cyril Barrett „Op Art“, Köln 1974

177 Paul Morphy. Zeichnung von Hans Pfannmüller. Aus Silbermann/Unzicker „Geschichte des Schachs“, op. cit.

178 Bridget Riley, Deformierter Kreis, 1963. Aus Cyril Barrett „Op Art“, op. cit.

182 Illustration von Th. Th. Heine zu Friedrich Hebbel „Judith“, München 1908

186 Petrosjan. Zeichnung von Hans Pfannmüller. Aus Silbermann/Unzicker „Geschichte des Schachs“, op. cit.

188 Philidor. Zeichnung von J. Skarzynski. Aus Gizycki „Schach zu allen Zeiten“, op. cit.

192 Schachbrett. Venedig, 15. Jh. Elfenbein, Ebenholz, Palisander

197 Robert Högfeld, Schach dem König. Grauert & Zink, Berlin

Benützte Literatur

Das nachstehende Verzeichnis beschränkt sich auf die hauptsächlich vom Autor benützten Werke.

Beheim-Schwarzbach, Martin, *Knaurs Schachbuch, Ein Jahrhundert Schach in Meisterpartien*, München 1953

Dufresne, Jean, und Mieses, Jacques (bearbeitet von Rudolf Teschner), *Lehrbuch des Schachspiels*, Stuttgart 1961

Fuller, Peter, *Die Champions, Psychoanalyse des Spitzensportlers* (aus dem Englischen von Joachim A. Frank), Frankfurt 1976

Gizycki, J., *Schach zu allen Zeiten* (aus dem Polnischen), Zürich 1967

Lindörfer, Klaus, *Großes Schachlexikon*, Gütersloh 1977

Nabokov, Vladimir, *Lushins Verteidigung* (aus dem Russischen von Dietmar Schulte), Hamburg 1961

Opfermann, H. C., *Die Spielgeheimnisse der großen Schachkämpfer*, Düsseldorf 1978

Schonberg, Harold C., *Die Großmeister des Schachs*, München 1974

Schubirz, G., und Brinckmann, A., *Schachgeschichte(n), Legende und Wirklichkeit*, Berlin 1968

Schuster, Theo, *Schachkuriosa*, Stuttgart 1977

— *Schachgeschichte*, Stuttgart 1978

Silberman, Dr. Jacob, und Unzicker, Wolfgang, *Geschichte des Schachs*, München 1975

Unzicker, Wolfgang, *Knaurs Neues Schachbuch*, München 1975

Zweig, Stefan, *Schachnovelle*, Frankfurt 1977

Die Zitate aus Samuel Becketts *Murphy* sind der bei Rowohlt erschienenen Übersetzung von Elmar Tophoven entnommen.

Inhalt